महान् इंजीनियर

विश्वेश्वरैया

महान् इंजीनियर
विश्वेश्वरैया

दिनकर कुमार

ज्ञान गंगा, दिल्ली

प्रकाशक : ज्ञान गंगा, 2/42, अंसारी रोड, दरियागंज, नई दिल्ली–110002
सर्वाधिकार : सुरक्षित / संस्करण : 2025 / मूल्य : तीन सौ रुपए
मुद्रक : आर–टेक ऑफसेट प्रिंटर्स, दिल्ली ISBN 978-93-80183-96-1

MAHAN ENGINEER VISHWESHWARAIAH
by Dinkar Kumar
₹ 300.00
Published by **GYAN GANGA**
2/42, Ansari Road, Daryaganj, New Delhi-110002

भूमिका

भारत में प्रतिवर्ष 15 सितंबर को अभियंता दिवस (इंजीनियर्स डे) के रूप में मनाया जाता है। इसी दिन भारत के महान् अभियंता एवं भारत रत्न मोक्षगुंडम विश्वेश्वरैया का जन्मदिन है। विश्वेश्वरैया का जनम मैसूर (कर्नाटक) के कोलाट जिले के चिक्काबल्लापुर तालुक में 15 सितंबर, 1861 को हुआ था। उनके पिता का नाम श्रीनिवास शास्त्री तथा माता का नाम वेंकाचम्मा था। पिता संस्कृत के विद्वान् थे। विश्वेश्वरैया ने प्रारंभिक शिक्षा जन्म स्थान से ही पूरी की। आगे की पढ़ाई के लिए उन्होंने बंगलौर के सेंट्रल कॉलेज में दाखिला लिया, लेकिन यहाँ उनके पास धन का अभाव था। अतः उन्हें ट्यूशन करना पड़ा। विश्वेश्वरैया ने 1881 में बी.ए. की परीक्षा में प्रथम स्थान प्राप्त किया। इसके बाद मैसूर सरकार की मदद से इंजीनियरिंग की पढ़ाई के लिए पूना के साइंस कॉलेज में दाखिला लिया। 1883 की एलसीई व एफसीई (वर्तमान समय की बीई की उपाधि) की परीक्षा में प्रथम स्थान प्राप्त करके उन्होंने अपनी योग्यता का परिचय दिया। इसी उपलब्धि के चलते महाराष्ट्र सरकार ने इन्हें नासिक में सहायक इंजीनियर के पद पर नियुक्त किया।

एक बार कुछ भारतीयों को अमेरिका में कुछ फैक्टरियों की कार्यप्रणाली देखने के लिए भेजा गया। फैक्टरी के एक अधिकारी ने एक विशेष मशीन की तरफ इशारा करते हुए कहा, 'अगर आप इस मशीन के बारे में जानना चाहते हैं तो आपको इसे 75 फुट ऊँची सीढ़ी पर चढ़कर देखना होगा।' भारतीयों का प्रतिनिधित्व कर रहे सबसे उम्रदराज व्यक्ति ने कहा, 'ठीक है, हम अभी चढ़ते हैं।' यह कहकर वे व्यक्ति तेजी से सीढ़ी पर चढ़ने के लिए आगे बढ़ा। ज्यादातर लोग सीढ़ी की ऊँचाई से डरकर पीछे हट गए तथा कुछ उस व्यक्ति के साथ सीढ़ी पर चढ़ने

लगे। शीघ्र ही मशीन का निरीक्षण करने के बाद वह शख्स नीचे उतर आया। केवल तीन अन्य लोगों ने ही उस कार्य को अंजाम दिया। यह व्यक्ति कोई और नहीं बल्कि डॉ. एम. विश्वेश्वरैया थे, जो सर एम.वी. के नाम से भी विख्यात थे।

दक्षिण भारत के मैसूर, कर्नाटक को एक विकसित एवं समृद्ध क्षेत्र बनाने में एम.वी. का अभूतपूर्व योगदान है। तकरीबन छह दशक पहले जब देश स्वतंत्र नहीं था, तब कृष्णराज सागर बाँध, भद्रावती आयरन एंड स्टील वर्क्स, मैसूर संदल ऑयल एंड सोप फैक्टरी, मैसूर विश्वविद्यालय, बैंक ऑफ मैसूर समेत अन्य कई महान् उपलब्धियाँ एम.वी. के कड़े प्रयास से ही संभव हो पाईं, इसीलिए इन्हें कर्नाटक का भगीरथ भी कहते हैं। जब वे केवल 32 वर्ष के थे, उन्होंने सिंधु नदी से सुक्कर कस्बे को पानी की आपूर्ति की योजना तैयार की, जो सभी इंजीनियरों को पसंद आई। सरकार ने सिंचाई व्यवस्था दुरुस्त करने के उपायों को ढूँढ़ने के लिए समिति बनाई। इसके लिए एम.वी. ने एक नए ब्लॉक सिस्टम को ईजाद किया। उन्होंने स्टील के दरवाजे बनाए जो कि बाँध से पानी के बहाव को रोकने में मदद करते थे, उनके इस सिस्टम की प्रशंसा ब्रिटिश अधिकारियों ने मुक्त कंठ से की। आज यह प्रणाली पूरे विश्व में प्रयोग में लाई जा रही है। विश्वेश्वरैया ने मूसा व ईसा नामक दो नदियों के पानी को बाँधने के लिए भी प्लान तैयार किए। इसके बाद उन्हें मैसूर का चीफ इंजीनियर नियुक्त किया गया।

उस वक्त राज्य की हालत काफी बदतर थी। विश्वेश्वरैया लोगों की आधारभूत समस्याओं जैसे अशिक्षा, गरीबी, बेरोजगारी, बीमारी आदि को लेकर भी चिंतित थे। फैक्टरियों का अभाव, सिंचाई के लिए वर्षा जल पर निर्भरता तथा खेती के पारंपरिक साधनों के प्रयोग के कारण समस्याएँ जस की तस थीं। इन समस्याओं के समाधान के लिए विश्वेश्वरैया ने इकोनोमिक कॉन्फ्रेंस के गठन का सुझाव दिया। मैसूर के कृष्णराज सागर बाँध का निर्माण कराया। कृष्णराज सागर बाँध के निर्माण के दौरान देश में सीमेंट नहीं बनता था। इसके लिए इंजीनियरों ने मोर्टार तैयार किया, जो सीमेंट से ज्यादा मजबूत था। 1912 में विश्वश्वरैया को मैसूर के महाराजा ने दीवान यानी मुख्यमंत्री नियुक्त कर दिया।

विश्वेश्वरैया शिक्षा की महत्ता को भली-भाँति समझते थे। लोगों की गरीबी व कठिनाइयों का मुख्य कारण वे अशिक्षा को मानते थे। उन्होंने अपने कार्यकाल में मैसूर राज्य में स्कूलों की संख्या को 4,500 से बढ़ाकर 10,500 कर दी थी। इसके साथ ही विद्यार्थियों की संख्या भी 1,40,000 से 3,66,000 तक पहुँच गई। मैसूर में लड़कियों के लिए अलग हॉस्टल तथा पहला फर्स्ट ग्रेड कॉलेज (महारानी

कॉलेज) खुलवाने का श्रेय भी विश्वेश्वरैया को ही जाता है। उन दिनों मैसूर के सभी कॉलेज मद्रास विश्वविद्यालय से संबद्ध थे। उनके ही अथक प्रयासों के चलते मैसूर विश्वविद्यालय की स्थापना हुई, जो देश के सबसे पुराने विश्वविद्यालयों में से एक है। इसके अलावा उन्होंने श्रेष्ठ छात्रों को अध्ययन करने के लिए विदेश जाने हेतु छात्रवृत्ति की भी व्यवस्था की। उन्होंने कई कृषि, इंजीनियरिंग व औद्योगिक कॉलेज भी खुलवाए।

वे उद्योग को देश की जान मानते थे, इसीलिए उन्होंने पहले से मौजूद उद्योगों जैसे सिल्क, संदल, मेटल, स्टील आदि को जापान व इटली के विशेषज्ञों की मदद से और अधिक विकसित किया। धन की जरूरत को पूरा करने के लिए उन्होंने बैंक ऑफ मैसूर खुलवाया। इस धन का उपयोग उद्योग-धंधों को विकसित करने में किया जाने लगा। 1918 में विश्वेश्वरैया दीवान पद से सेवानिवृत्त हो गए। विश्वेश्वरैया ने 44 वर्ष तक सक्रिय रहकर देश की सेवा की। सेवानिवृत्ति के दस वर्ष बाद भद्रा नदी में बाढ़ आ जाने से भद्रावती स्टील फैक्टरी बंद हो गई। फैक्टरी के जनरल मैनेजर जो एक अमेरिकन थे, ने स्थिति बहाल होने में छह महीने का वक्त माँगा, जो विश्वेश्वरैया को बहुत अधिक लगा। उन्होंने उस व्यक्ति को तुरंत हटाकर भारतीय इंजीनियरों को प्रशिक्षित कर तमाम विदेशी इंजीनियरों की जगह नियुक्त कर दिया। मैसूर में ऑटोमोबाइल तथा एयरक्रॉफ्ट फैक्टरी की शुरुआत करने का सपना मन में सँजोए विश्वेश्वरैया ने 1935 में इस दिशा में कार्य शुरू किया। बंगलौर स्थित हिंदुस्तान एयरोनॉटिक्स तथा बंबई की प्रीमियर ऑटोमोबाइल फैक्टरी उन्हीं के प्रयासों का परिणाम है। 1947 में वे ऑल इंडिया मैनुफैक्चरिंग एसोसिएशन के अध्यक्ष बने। उड़ीसा की नदियों की बाढ़ की समस्या से निजात पाने के लिए उन्होंने एक रिपोर्ट पेश की। इसी रिपोर्ट के आधार पर हीराकुंड तथा अन्य कई बाँधों का निर्माण हुआ।

वे किसी भी कार्य को योजनाबद्ध तरीके से पूरा करने में विश्वास रखते थे। 1928 में पहली बार रूस ने इस बात की महत्ता को समझते हुए प्रथम पंचवर्षीय योजना तैयार की थी, लेकिन विश्वेश्वरैया ने आठ वर्ष पहले ही 1920 में अपनी किताब रिकंस्ट्रक्टिंग इंडिया में इस तथ्य पर जोर दिया था। इसके अलावा 1935 में प्लान्ड इकोनोमी फॉर इंडिया भी लिखी। 1952 में वे पटना गंगा नदी पर पुल निर्माण की योजना के संबंध में गए। उस समय उनकी आयु 92 वर्ष थी। तपती धूप थी और साइट पर कार से जाना संभव नहीं था। इसके बावजूद वे साइट पर पैदल ही गए और लोगों को हैरत में डाल दिया। मजे की बात यह है कि 98 वर्ष

की आयु में भी वे प्लानिंग पर एक किताब लिख रहे थे। देश की सेवा ही विश्वेश्वरैया की तपस्या थी। 1955 में उनकी अभूतपूर्व तथा जनहितकारी उपलब्धियों के लिए उन्हें देश के सर्वोच्च सम्मान भारत रत्न से नवाजा गया। जब वे 100 वर्ष के हुए तो भारत सरकार ने डाक टिकट जारी कर उनके सम्मान को और बढ़ाया। 101 वर्ष की दीर्घायु में 14 अप्रैल, 1962 को उनका स्वर्गवास हो गया।

विश्वेश्वरैया ईमानदारी, त्याग, मेहनत इत्यादि सद्‌गुणों से संपन्न थे। उनका कहना था—कार्य जो भी हो, लेकिन वह इस ढंग से किया गया हो कि वह दूसरों के कार्य से श्रेष्ठ हो। इस पुस्तक में आधुनिक भारत के इस विश्वकर्मा की जीवनकथा का सजीव चित्रण किया गया है।

अनुक्रम

आधुनिक भारत के विश्वकर्मा

डॉ. मोक्षगुंडम विश्वेश्वरैया को आधुनिक भारत के विश्वकर्मा के रूप में बड़े सम्मान के साथ स्मरण किया जाता है। अपने समय के बहुत बड़े इंजीनियर, वैज्ञानिक और निर्माता के रूप में देश की सेवा में अपना जीवन समर्पित करने वाले डॉ. मोक्षगुंडम विश्वेश्वरैया को भारत ही नहीं, वरन् विश्व की महान् प्रतिभाओं में गिना जाता है।

जन्म

एम. विश्वेश्वरैया के जन्मदिन को अभियंता दिवस के रूप में मनाया जाता है। वे बहुत ही सौम्य विचारधारा वाले इनसान थे। विश्वेश्वरैया का जन्म मैसूर (जो कि अब कर्नाटक में है) के 'मुद्देनहल्ली' नामक स्थान पर 15 सितंबर, 1861 को हुआ था। बहुत ही गरीब परिवार में जन्मे विश्वेश्वरैया का बाल्यकाल अत्यंत आर्थिक संकट में व्यतीत हुआ। उनके पिता वैद्य थे। वर्षों पहले उनके पूर्वज आंध्र प्रदेश के 'मोक्षगुंडम' से मैसूर में आकर बस गए थे। दो वर्ष की आयु में ही उनका परिचय रामायण, महाभारत और पंचतंत्र की कहानियों से हो गया था। ये कहानियाँ हर रात घर की वृद्ध महिलाएँ उन्हें सुनाती थीं। कहानियाँ शिक्षाप्रद व मनोरंजक थीं। इन कहानियों से विश्वेश्वरैया ने ईमानदारी, दया और अनुशासन जैसे मूल्यों को आत्मसात किया।

सूझ-बूझ

विश्वेश्वरैया जब केवल 14 वर्ष के थे, तभी उनके पिता की मृत्यु हो गई। क्या वे अपनी पढ़ाई जारी रखें? इस प्रश्न पर तब विचार-विमर्श हुआ, जब उन्होंने

अपनी माँ से कहा, "अम्मा, क्या मैं बंगलौर जा सकता हूँ? मैं वहाँ पर मामा रमैया के यहाँ रह सकता हूँ। वहाँ मैं कॉलेज में प्रवेश ले लूँगा।"

"पर बेटा! तुम्हारे मामा अमीर नहीं हैं। तुम उन पर बोझ क्यों बनना चाहते हो?" उनकी माँ ने तर्क दिया।

"अम्मा, मैं अपनी जरूरतों के लिए स्वयं ही कमाऊँगा। मैं बच्चों को ट्यूशन पढ़ाऊँगा। अपनी फीस देने और पुस्तकें खरीदने के लिए मैं काफी धन कमा लूँगा। मेरे ख्याल से मेरे पास कुछ पैसे भी बच जाएँगे, जिन्हें मैं मामा को दे दूँगा।" विश्वेश्वरैया ने समझाया। उनके पास हर प्रश्न का उत्तर था। समाधान ढूँढ़ने की क्षमता उनके पूरे जीवन में लगातार विकसित होती रही और इस कारण वे एक व्यावहारिक व्यक्ति बन गए। यह उनके जीवन का सार था और उनका संदेश था—'पहले जानो, फिर करो।'

"जाओ मेरे पुत्र, भगवान् तुम्हारे साथ हैं।" उनकी माँ ने कहा। मामा ने बहुत गर्मजोशी से उनका स्वागत किया। विश्वेश्वरैया ने उन्हें अपनी योजना बताई। मामा ने प्यार से उनकी पीठ थपथपाते हुए कहा, "तुम बहुत होशियार हो। तुम्हें अच्छी-से-अच्छी शिक्षा मिलनी ही चाहिए।"

शिक्षा

पढ़ने-लिखने में बाल्यकाल से ही तीव्र बुद्धि के स्वामी विश्वेश्वरैया ने अपनी प्रारंभिक शिक्षा गाँव के प्राइमरी स्कूल से प्राप्त की। विश्वेश्वरैया 'चिक्काबल्लापुर' के मिडिल व हाईस्कूल में पढ़े। आगे की शिक्षा के लिए उन्हें बंगलौर जाना पड़ा। आर्थिक संकटों से जूझते हुए उन्होंने अपने रिश्तेदारों और परिचितों के पास रहकर और अपने से छोटे बच्चों को ट्यूशन पढ़ाकर किसी तरह बड़े प्रयास से अपना अध्ययन जारी रखा। 19 वर्ष की आयु में बंगलौर के कॉलेज से उन्होंने बी.ए. की परीक्षा प्रथम श्रेणी में उत्तीर्ण की। इस कॉलेज के प्रिंसिपल, जो एक अंग्रेज थे, विश्वेश्वरैया की योग्यता और गुणों से बहुत प्रभावित थे। उन्हीं प्रिंसिपल साहब के प्रयास से उन्हें पूना के इंजीनियरिंग कॉलेज में प्रवेश मिल गया। अपनी शैक्षिक योग्यता के बल पर उन्होंने छात्रवृत्ति प्राप्त करने के साथ-साथ पूरे बंबई विश्वविद्यालय में सर्वोच्च अंक प्राप्त कर इंजीनियरिंग की डिग्री हासिल की। सन् 1875 में विश्वेश्वरैया ने सेंट्रल कॉलेज में प्रवेश लिया। उनके मामा उन्हें मैसूर राज्य सरकार के एक उच्च अधिकारी 'मुडइया' के पास ले गए। मुडइया के दो छोटे बच्चे थे। बच्चों को पढ़ाने के लिए विश्वेश्वरैया को रख लिया गया। उन्होंने अपने संरक्षक का धन्यवाद दिया। उन्होंने

तुरंत ही अपना कार्य आरंभ कर दिया। प्रतिदिन वे अपने मामा के घर से अपने कॉलेज और मुडइया के घर आने-जाने के लिए पंद्रह कि.मी. से ज्यादा चलते। बाद में जब उनसे अच्छे स्वास्थ्य का रहस्य पूछा गया तो उन्होंने कहा, "मैंने पैदल चलकर अच्छा स्वास्थ्य पाया है।" अपने काम में उन्होंने अपनी समस्त मुश्किलों का मरहम पाया। ईमानदारी और निष्ठा से उन्होंने अपने कार्यों को आभा प्रदान की। इससे सेंट्रल कॉलेज के प्रिंसिपल चार्ल्स का ध्यान उनकी ओर आकर्षित हुआ। जब विश्वेश्वरैया ने जटिल गणितीय समस्याओं का सरल समाधान कर दिया तो प्रिंसिपल ने उनसे कक्षा के अन्य छात्रों को यह समाधान सिखाने को कहा। इससे विश्वेश्वरैया का आत्मविश्वास बढ़ा।

वाटर्स का उपहार

अपने प्रिय छात्र पर कॉलेज के दौरान और कॉलेज छोड़ने के बाद भी प्रिंसिपल वाटर्स बड़ी नजर रखते रहे। वे इंग्लैंड लौट गए, पर अपने पूर्व छात्र में गहरी दिलचस्पी लेते रहे। अपनी वसीयत में वे उपहार के रूप में विश्वेश्वरैया के लिए अपना 'कफलिंक' छोड़ गए। श्रीमती वाटर्स इंग्लैंड से उन्हें यह उपहार देने के लिए स्वयं आईं। उस समय विश्वेश्वरैया बंबई के लोक निर्माण विभाग में इंजीनियर के पद पर कार्यरत थे। डिग्री परीक्षा में सन् 1880 में विशिष्टता के साथ सफल होने के पश्चात् विश्वेश्वरैया ने पूना के साइंस कॉलेज में प्रवेश लिया। मैसूर राज्य सरकार से छात्रवृत्ति पाने के कारण ही वे ऐसा कर पाए थे। सन् 1883 में सिविल इंजीनियरिंग के समस्त छात्रों में वे प्रथम आए। तुरंत ही उन्हें बंबई के लोक निर्माण विभाग में सहायक इंजीनियर की नौकरी मिल गई।

कार्यक्षेत्र

उस समय ब्रिटिश शासन था, अधिकांश उच्च पदों पर अंग्रेजों की ही नियुक्ति होती थी। ऐसे में उच्च पद पर नियुक्त विश्वेश्वरैया ने अपनी योग्यता और सूझ-बूझ द्वारा बड़े-बड़े अंग्रेज इंजीनियरों से अपनी प्रतिभा का लोहा मनवा दिया। इस पद पर रहते हुए उन्होंने सबसे पहली सफलता प्राकृतिक जल स्रोतों से घर-घर में पानी पहुँचाने और गंदे पानी की निकासी के लिए नाली-नालों की समुचित व्यवस्था करके प्राप्त की। प्रथम चरण में ही उन्होंने बंगलौर, पूना, मैसूर, बड़ौदा, कराची, हैदराबाद, ग्वालियर, इंदौर, कोल्हापुर, सूरत, नासिक, नागपुर, बीजापुर, धारवाड़ सहित अनेक नगरों को प्रत्येक प्रकार के जल संकट से मुक्त कर दिया।

सन् 1884 में विश्वेश्वरैया ने अपना सरकारी जीवन शुरू किया। यह वह समय था, जब राष्ट्रीयता की भावना बहुत से प्रतिष्ठित व्यक्तियों का ध्यान अपनी ओर खींच रही थी। राणाडे, गोपालकृष्ण गोखले और बाल गंगाधर तिलक राष्ट्रीयता की भावना को फैलाने में अग्रणी थे। वे सरकारी पदों पर भारतीयों को ज्यादा स्थान दिलाने के लिए दबाव डाल रहे थे। वे जोश से भारतीय स्वतंत्रता की बात करते। विश्वेश्वरैया अपना कार्य करते रहे, लेकिन उनकी सहानुभूति स्वतंत्रता के कार्य के साथ थी। उन्हें लगा कि अनेक कार्य जो उन्हें सौंपे गए हैं, वे लोगों का जीवन स्तर सुधारने के लिए आवश्यक हैं। उनके रास्ते में अनेक मुश्किलें और चुनौतियाँ आईं।

वैज्ञानिक आविष्कार

विश्वेश्वरैया को सन् 1894-95 में सिंध (जो अब पाकिस्तान में है) के सक्खर क्षेत्र में पीने के पानी की वितरण परियोजना का कार्य पूरा करने का दायित्व सौंपा गया। उन्होंने इस कार्य को स्वीकार कर लिया। वे नगर में पहुँचे और जब उन्होंने सिंधु नदी का सर्वेक्षण और परीक्षण किया तो उन्हें गहरा आघात लगा। पानी गंदला व मिट्टी से भरा हुआ था, जो मनुष्य के इस्तेमाल के लिए पूर्णतया बेकार था। पानी को कैसे स्वच्छ किया जाए, इसके लिए उन्होंने तकनीकी पत्रों, व्यावसायिक पत्रिकाओं और रसायन की किताबों को पढ़ा। इस समस्या पर चिंतन करते हुए उन्होंने कई रातें जागकर बिताईं, फिर समाधान निकल आया। उन्हें लगा कि उन्होंने पहले क्यों नहीं इस विकल्प के बारे में सोचा था।

वे प्रकृति की असीमित प्रक्रिया को समझ गए थे कि पानी को छानने के लिए नदी की रेत का इस्तेमाल कर सकते हैं। उन्होंने परियोजना की रूपरेखा बनाई, और इस पर कितनी कीमत लगेगी—इसका अनुमान लगाया। अपने साथ काम करनेवालों को उन्होंने योजना के लाभ बताए। उनसे उनके विचार पूछे और यह पता लगा कि वे पूर्णतया सहमत हैं। नदी के तल में एक गहरा कुआँ बनाया जाए। कुएँ तक पहुँचने से पहले पानी रेत की अनगिनत परतों में से गुजरेगा। जैसे ही पानी इस प्रक्रिया से रिसेगा, वह स्वच्छ हो जाएगा। रेत की अनेक परतों से छनकर निकला हुआ पानी मनुष्य के इस्तेमाल के योग्य हो जाएगा। अदन (दक्षिणी यमन) जो उस समय ब्रिटिश उपनिवेश था, के लिए पानी वितरण के लिए भी उन्होंने इसी सिद्धांत को लागू किया। इस प्रकार जलापूर्ति की जो कीमत थी, वह कम हो गई। इस नवीन कार्य के लिए सरकार ने विश्वेश्वरैया को 'केसर-ए-हिंद' की उपाधि से सम्मानित किया।

मौलिकता और प्रवीणता

पानी की व्यवस्था करने में वैज्ञानिक तरीकों का आविष्कार करके विश्वेश्वरैया ने अपनी मौलिकता और प्रवीणता का परिचय दिया। उसमें स्वचालित जलद्वार और सिंचाई की खंड पद्धति भी शामिल है। बाढ़ के पानी को नियंत्रित करने के लिए उन्होंने खड़गवासला बाँध पर जलद्वारों का प्रयोग किया। उन्होंने उस झील के पानी के स्तर को बढ़ाया, जिसके कारण पूना शहर को पानी मिलता था। वे अपने 'मेमोयर्स ऑफ माई वर्किंग लाइफ' (मेरे कामकाजी जीवन के संस्मरण-1951) में लिखते हैं कि हर साल छह से लेकर आठ फीट की ऊँचाई तक जलाशय से पानी निकल जाता था। झील के पानी के स्तर को स्थायी रूप से संचित करने के लिए मैंने स्वचालित जलद्वार की पद्धति की रूपरेखा बनाई। इससे बाँध को बिना बढ़ाए जलाशय में 25 प्रतिशत संचय क्षमता बढ़ गई। जलद्वार झील में तब तक पानी को रोके रखता है, जब तक वह पिछली बाढ़ की ऊँचाई तक नहीं बढ़ जाता है, लेकिन जब भी पानी का स्तर बाढ़ से ऊँचा उठता है, जलद्वार स्वत: ही खुल जाते हैं और अतिरिक्त पानी को निकलने देते हैं। फिर से झील में पानी का स्तर जब अतिरिक्त वीयर के ऊपर आठ फीट गिरता है तो जलद्वार स्वत: ही बंद हो जाते हैं और पानी का नुकसान होने से रोक देते हैं।

नहरें और बाँधों का निर्माण

विश्वेश्वरैया ने सिंचाई में सहायता करने के लिए नहरें और बाँध बनाए। उनकी पद्धति के द्वारा सिंचाई के सीमित साधनों का पूर्ण उपयोग हो सका। वे परियोजनाएँ, जिनकी उन्होंने कल्पना की और निर्माण कराया, उनसे गरीब किसानों को राहत मिली। उनसे देहात के क्षेत्रों में काफी बड़ी मात्रा में सुधार का कार्य संपन्न हुआ। आर्थिक उत्थान के द्वारा विश्वेश्वरैया ने महसूस किया कि इससे राष्ट्र को शक्ति मिलेगी और शक्ति प्राप्त करके अपने देश को ब्रिटिश शासन से मुक्त कराने के लिए लोग बेहतर स्थिति में होंगे।

सरकारी सेवा से त्यागपत्र

अभिनव क्षमता और कठिन परिश्रम ने मिलकर उन्हें जल्दी ही तरक्कियों की ओर बढ़ा दिया। अंतत: वे चीफ इंजीनियर के पद के निकट तक पहुँच गए। चीफ इंजीनियर का पद ब्रिटिश अधिकारियों के लिए आरक्षित था। यह पक्षपात था। जाति व रंग का भेदभाव किए बिना पद सबके लिए खुला होना चाहिए। योग्य

व्यक्ति को स्थान मिलना चाहिए। यद्यपि विश्वेश्वरैया को आभास हो गया था कि शासन इस आरक्षण को खत्म नहीं करेगा, इसीलिए उन्होंने सन् 1908 में त्यागपत्र देने का फैसला किया। सरकार ने उन्हें रोकने की कोशिश की, पर वे अपने निश्चय पर अटल रहे। वर्षों तक वे विभिन्न पदों पर काम करते रहे थे। हालाँकि उन्हें नौकरी करते हुए अभी पूरे 25 वर्ष नहीं हुए थे, जिसके बाद पेंशन मिलती है, तब भी सरकार ने उन्हें पेंशन देने का फैसला किया। विश्वेश्वरैया द्वारा किए गए कार्यों की प्रशंसा में सरकार द्वारा किया गया यह एक प्रतीक था।

चीफ इंजीनियर का पद

बंबई प्रेसीडेंसी की नौकरी विश्वेश्वरैया ने छोड़ी ही थी कि उन्हें अपने राज्यों में विकास गतिविधियों को देखने के लिए हैदराबाद के निजाम और मैसूर महाराजा के प्रस्ताव मिले। नवंबर, 1909 में उन्होंने अपने जन्मस्थान मैसूर में चीफ इंजीनियर बनना पसंद किया, तब भी हैदराबाद को बार-बार आनेवाली बाढ़ से बचाने के लिए उन्होंने योजनाएँ बनाईं। मैसूर राज्य में चीफ इंजीनियर की नौकरी उन्हें बहुत पसंद थी, क्योंकि यहाँ उन्हें उन परियोजनाओं पर काम करने की पूर्ण स्वतंत्रता थी, जिससे समाज के गरीब वर्ग को लाभ मिलता था। उन्होंने जल वितरण, सड़कों, संचार व सिंचाई के लिए परियोजनाएँ बनाईं। प्रत्येक योजना की प्रगति पर कड़ी निगरानी रखी गई। समय की पाबंदी को पूर्णतया बनाए रखा गया। कीमत पर भी नियमित जाँच चलती रही। विश्वेश्वरैया कार्यस्थल पर जाते, लोगों से मिलते, उनकी प्रतिक्रिया सुनते और जब लोग उनका धन्यवाद करते तो उन्हें बहुत खुशी होती। लोगों के चेहरे पर छाई खुशी ही उनके कार्य का पुरस्कार होता था, जिसे उन्होंने सबसे ज्यादा संजोकर रखा।

असाधारण कार्य

इंजीनियरिंग के उनके असाधारण कार्यों में मैसूर शहर में कन्नमबाडी या कृष्णराज सागर बाँध बनाना एक महत्त्वपूर्ण कार्य था। उसकी योजना सन् 1909 में बनाई गई थी और सन् 1932 में यह पूरा हुआ।

- बंबई प्रेसीडेंसी में कई जलाशय बनाने के बाद, सिंचाई व विद्युत शक्ति के लिए उन्होंने कावेरी नदी को काम में लाने के लिए योजना बनाई, विशेषकर कोलार स्वर्ण खदानों के लिए दोनों ही महत्त्वपूर्ण थे।
- कृष्णराज सागर बाँध 124 फीट ऊँचा था, जिसमें 48,000 मिलियन घन

फीट पानी का संचय किया जा सकता था। इसका उपयोग 1,50,000 एकड़ भूमि की सिंचाई और 60 हजार किलोवाट्स बिजली उत्पादन के लिए होना था।

- कृष्णराज सागर बाँध उस समय भारत में बना सबसे बड़ा जलाशय था। इस बहुद्देश्यीय परियोजना के कारण अनेक उद्योग विकसित हुए. जिनमें भारत की विशालतम चीनी मिल 'मैसूर चीनी मिल' भी शामिल है। अपनी दूरदृष्टि के कारण विश्वेश्वरैया ने परिस्थिति विज्ञान के पहलू पर भी पूरा ध्यान दिया।
- मैसूर शहर में आनेवाला प्रत्येक यात्री कृष्णराज सागर बाँध और उसके पास ही स्थित प्रसिद्ध वृंदावन गार्डन देखना एक आवश्यक कार्य मानता था। वहाँ फव्वारों का जल प्रपात, मयूर पक्षी और आकर्षक फूलों की बहुतायत देखते ही बनती थी। विश्वेश्वरैया का एक स्वप्न पूरा हो गया था।
- विश्वेश्वरैया ने निष्ठा की भावना से कार्य किया। इसके अतिरिक्त भारतीय राष्ट्रीयता के विचार पर अड़े रहने के लिए भी मौके को उन्होंने नहीं गँवाया। उन्हें अपने भारतीय होने पर गर्व था। वे मानते थे कि अगर अवसर दिया जाए तो भारतीय अंग्रेजों से किसी मामले में कम नहीं हैं।

राष्ट्रीयता की भावना

यह भारतीय राष्ट्रीयता का ही प्रभाव था जिसने उन्हें दरबार में आने और मैसूर के महाराजा का निमंत्रण ठुकराने को प्रेरित किया। सरकारी रूप से यह माना जाता था कि महाराजा के निमंत्रण को आदेश माना जाए, फिर भी विश्वेश्वरैया ने आमंत्रण ठुकरा दिया। दरबार में बैठने की व्यवस्था में भेदभाव के विरुद्ध यह उनका विरोध था। अंग्रेजों को कुरसियों पर बैठाया जाता था। भारतीयों से आशा की जाती थी कि वे जमीन पर सिमटकर बैठें।

विश्वेश्वरैया से दरबार में न आने का कारण पूछा गया। उन्होंने भेदभाव का जिक्र करते हुए जवाब लिखा। उनका तर्क महाराजा को सही लगा। उन्होंने आदेश दिया कि प्रत्येक निमंत्रित व्यक्ति को कुर्सी पर बैठाया जाए। विश्वेश्वरैया के लिए ये क्षण गर्व से पूर्ण थे। अपनी दृढ़ता के द्वारा उन्होंने राष्ट्रीय गर्व को बढ़ावा दिया था। जब उन्हें 'गॉड सेव द किंग' (ईश्वर राजा को सुरक्षित रखे) वाला गीत गाने को कहा गया तो उन्हें अहसास हुआ कि भारत एक ब्रिटिश उपनिवेश है। अपने

मामलों में भी भारतीयों को कुछ कहने का अधिकार नहीं था। भारत की अधिकांश संपत्ति विदेशियों ने हड़प ली थी। क्या उनके घर में काम करने वाली नौकरानी विदेशी शासन के कारण गरीब है? यह प्रश्न विश्वेश्वरैया के दिमाग में घुमड़ता रहा। राष्ट्रीयता की चिनगारी जल रही थी और उनके जीवन में यह अंत तक जलती रही।

मैसूर के दीवान

चीफ इंजीनियर बनने के तीन साल बाद नवंबर, 1912 में मैसूर के महाराजा ने विश्वेश्वरैया को वहाँ का दीवान (प्रधानमंत्री) बना दिया गया। आखिरकार, अब उन्हें योजना बनाने, विकास की गति बढ़ाने और प्रोत्साहित करने का अधिकार मिल गया था—मुख्यत: शिक्षा, उद्योग, वाणिज्य और लोक निर्माण में और लोगों को इस बात के लिए प्रोत्साहित करने के लिए कि वे ठीक ढंग से काम करें, खूब कमाएँ व अच्छे ढंग से रहें। पद सँभालने से पहले उन्होंने अपने रिश्तेदारों व घनिष्ठ मित्रों को रात्रिभोज पर बुलाया। वह भव्य समारोह था। मेजबान ने अतिथियों का स्वागत किया, उन्हें अच्छे ढंग से खिलाया। उनकी बधाइयाँ व शुभकामनाएँ स्वीकार कीं। उन्होंने उन सबको पास बैठाकर कहा कि वह तभी इस नौकरी को स्वीकार करेंगे, अगर वे उनकी शर्तों को मान लेंगे। मेहमानों ने एक-दूसरे की ओर देखा। वे जानते थे कि उनके मेजबान की टिप्पणी में कुछ सार है। वे विश्वेश्वरैया के शब्दों को समझने के लिए तैयार होने लगे।

विश्वेश्वरैया ने कहा कि उनमें से कोई भी उनसे किसी भी किस्म के पक्षपात की अपेक्षा नहीं रखेगा। न ही वे अपने रिश्तेदारों और मित्रों को किसी तरह का सरकारी फायदा पहुँचाएँगे। कुछ मेहमानों के मुँह लटक गए, फिर भी विश्वेश्वरैया ने अपनी बात स्पष्ट कर दी थी। किसी भी संदेह की कोई गुंजाइश नहीं थी। दीवान के पद पर रहते हुए उन्होंने प्रजातंत्र को बढ़ावा दिया। वैधानिक मंच के विचार-विमर्श के क्षेत्र का विस्तार किया। ग्राम समितियों को ज्यादा अधिकार सौंपे गए। उन्होंने ऐसे मंच बनाए, जो जनता के विचारों का प्रतिनिधित्व करते थे।

प्रेस की स्वतंत्रता

प्रेस को पूर्ण स्वतंत्रता दी गई। दीवान पत्रकारों का साथ तब तक देते, जब तक वे बिना किसी पक्षपात के घटनाओं के बारे में लिखते और उनकी आलोचना सकारात्मक होती। इससे परिवर्तन आया। आम निर्णयों की चर्चा करने में पत्रकार

अधिक निर्भीक हो गए। पत्रकारों की जोश की भावना व निश्चयपूर्ण कथनों को विश्वेश्वरैया पूर्ण दिलचस्पी से सुनते। उन्हें लगा कि प्रेस उनकी आशाओं को पूरा कर रहा है। प्रेस के प्रति विश्वेश्वरैया का रवैया अटल था। इसीलिए वे संपादकों की उदारता से सहायता करते थे। उन्होंने उन्हें बचाया भी, इसका प्रमाण कर्नाटक साप्ताहिक के संपादक डी.वी. गुंडप्पा के मामले में मिलता है। उन्होंने सन् 1917 में रूस की क्रांति के बारे में अपने संपादकीय में राय लिखी थी कि तानाशाही अराजकता है। इससे ब्रिटिश रेजीडेंट को क्रोध आ गया। उसने कहा कि संपादक ने न केवल महाराजा का, बल्कि ब्रिटिश शासन का भी अपमान किया है। उसने सुझाव दिया कि विश्वेश्वरैया को संपादक के विरुद्ध ठोस कदम उठाना चाहिए। दीवान ने गुंडप्पा से पूछताछ की और उन्हें यह पता लगा कि संपादकीय टिप्पणी राजतंत्र के विरुद्ध नहीं है, बल्कि तानाशाही के विरुद्ध है। विश्वेश्वरैया ने संपादक की सफाई मान ली और आगे की काररवाई रोक दी। उन्होंने ब्रिटिश रेजिडेंट की इस सिफारिश को भी ठुकरा दिया कि बंबई क्रॉनिकल जैसे अखबारों के राज्य में आने पर रोक लगा दी जाए, जिसके संपादक बी.जी. हौरनीमन थे, जो ब्रिटिश होने पर भी भारतीय राष्ट्रीय आंदोलन के निष्ठावान समर्थक थे। इस तरह ब्रिटिश रेजिडेंट के दबाव का सामना करने में विश्वेश्वरैया ने अदम्य साहस दिखाया।

औद्योगीकरण और आधुनिकीकरण

- वैज्ञानिक ढंग से किए गए औद्योगिकीकरण द्वारा ही आधुनिकीकरण की ओर बढ़ना दीवान का मुख्य लक्ष्य बन गया। उन्होंने तकनीकी संस्थाएँ खोलीं, उच्च शिक्षा के केंद्रों में वृद्धि की।
- उनका विचार था कि शिक्षा के द्वारा ही बाल विवाह, दहेज प्रथा, अशिक्षा और जाति भेद जैसी सामाजिक बुराइयों से लड़ा जा सकता है।
- उनके विचारों में 'हमारी कमजोरियों का कारण जाति प्रथा है और यही बुराई स्थायी रूप से अधिकांश जनता के पतन का कारण भी है।'
- शिक्षा के द्वारा वे अपने ज्ञान को बढ़ाकर उन्हें नौकरी के योग्य बनाना चाहते थे। वे नौकरी में भर्ती करने के लिए जरूरी शिक्षा के न्यूनतम स्तर को कम नहीं करना चाहते थे।

त्यागपत्र

विश्वेश्वरैया आरक्षण के विरुद्ध थे। इस मामले में उनमें और महाराजा में

मतभेद हो गया। विश्वेश्वरैया ने जोर दिया कि वे सरकारी पदों की गुणवत्ता को कम नहीं करेंगे। यह आलस्य व अकार्य, कुशलता को जन्म देता है। जब उन्होंने यह देखा कि महाराजा निम्न व पिछड़े वर्ग के लोगों की भलाई के लिए नियमों में ढील देने का मन बना चुके हैं तो उन्होंने सन् 1919 में त्यागपत्र दे दिया।

नौकरी छोड़ने के बाद विश्वेश्वरैया सरकारी कार का प्रयोग न करके अपनी कार में घर लौट आए। इस घटना से यह प्रमाणित होता है कि वे सरकारी सुविधाओं का इस्तेमाल करने में कितनी सतर्कता बरतते थे। इसी तरह जब वे व्यक्तिगत काम से जाते थे, तब सरकारी वाहन का इस्तेमाल कभी नहीं करते थे और जब वे व्यक्तिगत पत्र लिखते तो अपने कागज व डाक सामग्री का इस्तेमाल करते थे।

उपलब्धियाँ

चीफ इंजीनियर व दीवान के पद पर कार्य करते हुए विश्वेश्वरैया ने मैसूर राज्य को जिन संस्थाओं व योजनाओं का उपहार दिया, वे हैं—

1. मैसूर बैंक (1913)
2. मलनाद सुधार योजना (1914)
3. इंजीनियरिंग कॉलेज, बंगलौर (1916)
4. मैसूर विश्वविद्यालय (1918)
5. बिजली उत्पादन के लिए पॉवर स्टेशन (1918)

लेखक के रूप में

जब उन्होंने नौकरी छोड़ी, तब उनकी आयु 58 वर्ष से अधिक थी। कोई और व्यक्ति होता तो लंबी व सार्थक नौकरी के बाद अपने अवकाश का आंनद उठाता, पर विश्वेश्वरैया ने ऐसा नहीं किया। उन्होंने 'भारत का पुनर्निर्माण' (1920), 'भारत के लिए नियोजित अर्थव्यवस्था' (1934) नामक पुस्तकें लिखीं और भारत के आर्थिक विकास का मार्गदर्शन किया।

गोलमेज सम्मेलन का समर्थन

- विश्वेश्वरैया 1921 में राष्ट्रवादियों के साथ जुड़ गए और उन्होंने वायसराय से विचार-विमर्श किया। स्वराज की माँग पर विचार करने के लिए उन्होंने गोलमेज सम्मेलन पर जोर दिया।
- वे विकास परियोजनाओं का मार्गदर्शन करते रहे।

- भद्रावती इस्पात योजना के पीछे इन्हीं का हाथ था।
- बंगलौर में 'हिंदुस्तान हवाई जहाज संयंत्र' की स्थापना में इन्होंने दिलचस्पी दिखाई।
- उन्होंने विजाग पोत-कारखाना बनाने पर जोर दिया और निर्माण के समय कई उपयोगी सुझाव भी दिए।

निष्पक्षता

उस समय विश्वेश्वरैया करीब 92 वर्ष के थे, जब पंडित जवाहरलाल नेहरू ने यह सुझाव दिया कि गंगा पर पुल बनाने के लिए वे विभिन्न राज्य सरकारों के प्रस्तावों की जाँच करें। उन्हें बिहार में मोकामा, राजमहल, संकरी गली घाट और पश्चिम बंगाल में फरक्का में से दो स्थलों को चुनना था। नेहरू ने यह कहकर उन्हें चुना कि वे ईमानदार, चरित्रवान व उदार राष्ट्रीय दृष्टिकोण रखने वाले इंजीनियर हैं, जो पक्षपात रहित निर्णय ले सकते हैं। स्थानीय दबावों से ऊपर उठकर कार्य कर सकते हैं और उनके विचारों का सब लोग सम्मान करते हैं एवं सब उनको स्वीकार करते हैं।

विश्वेश्वरैया उन स्थलों पर गए। उन्होंने सह-पायलट की सीट पर कॉकपिट में बैठकर, नदी और नदी के तटों की बारीकी से जाँच करने के लिए हवाई सर्वेक्षण किया, ताकि पुल बनाने के लिए सही स्थल को चुना जा सके। इस दौरे के दौरान वे पटना में रुके। राज्यपाल एम.एस. आणे ने उन्हें राजभवन में रहने का निमंत्रण दिया।

विश्वेश्वरैया ने यह निमंत्रण यह कहते हुए अस्वीकार कर दिया कि यह उनके लिए अनुचित होगा कि वे राज्यपाल की मेहमाननवाजी का आनंद उठाएँ, जबकि समिति के अन्य सदस्य होटलों में रहेंगे। राज्यपाल ने तब समिति के सारे सदस्यों को आमंत्रित किया। बाद में एम.एस. आणे ने कहा, 'सुविधा से पहले कर्तव्य विश्वेश्वरैया का आदर्श है।' अंततः विश्वेश्वरैया ने पुल बनाने के लिए मोकामा और फरक्का नामक स्थानों का सुझाव दिया।

भारत रत्न

अपने जीवन की शताब्दी पूरी करने के बाद भी महान् वैज्ञानिक विश्वेश्वैरया पूरी तरह स्वस्थ थे। वे सुबह-शाम सैर पर जाते। वे सदा समय के पाबंद रहे और उनमें जीने का उत्साह सदा बना रहा। वे अपने विचारों में पूर्ण रूप से स्वतंत्र थे।

जब उन्हें 1955 में भारत रत्न प्रदान किया गया तो उन्होंने पंडित नेहरू को लिखा, "अगर आप यह सोचते हैं कि इस उपाधि से विभूषित करने से मैं आपकी सरकार की प्रशंसा करूँगा तो आपको निराशा ही होगी। मैं सत्य की तह तक पहुँचनेवाला व्यक्ति हूँ।"

नेहरू ने उनकी बात की सराहना की। उन्होंने विश्वेश्वरैया को आश्वासन दिया कि राष्ट्रीय घटनाओं एवं विकास पर टिप्पणी करने के लिए वे स्वतंत्र हैं। यह सम्मान उन्हें उनके कार्यों के लिए दिया गया है। इसका मतलब उन्हें चुप कराना नहीं है।

अंतिम समय

101 वर्ष की आयु में भी वे काम करते रहे। उन्होंने कहा, 'जंग लग जाने से बेहतर है काम करते रहना।' जब तक वे कार्य कर सकते थे, करते रहे। 14 अप्रैल, 1962 को उनका स्वर्गवास हो गया।

□

आरंभिक चरण

कई शताब्दी पहले आंध्र प्रदेश के कुरनूल जिले के मोक्षगुंडम गाँव से एक परिवार तत्कालीन मैसूर राज्य के चिक्काबल्लापुर नगर में आकर बस गया था। उस स्थान के जमींदारों और अवाती के 'पालेगर' (शासक) के संरक्षण में इस परिवार का गुजारा चलता रहा। इसी परिवार के एक सदस्य लक्ष्मीपति भट्ट की सेवा से प्रसन्न होकर शासक ने चार या पाँच गाँव उसे तोहफे के रूप में दिए थे। उन गाँवों में एक मुदुपल्ली भी था जो आज मुद्देनहल्ली के नाम से जाना जाता है, जहाँ विश्वेश्वरैया का जन्म हुआ था। उनके पिता श्रीनिवास शास्त्री शास्त्रों के अच्छे ज्ञाता थे। वे ज्योतिषी, वैद्य और धार्मिक स्वभाव के सज्जन पुरुष थे। उनकी दूसरी पत्नी वेंकटालक्षम्मा ने 15 सितंबर, 1861 को विश्वेश्वरैया को जनम दिया था। वे छह संतानों में दूसरी संतान थे। उनके यहाँ चार पुत्र और दो पुत्रियों का जन्म हुआ था। विश्वेश्वरैया के बड़े भाई वेंकटेश शास्त्री ने परंपरागत शिक्षा प्राप्त की थी और गाँव में बस गए थे और छोटे भाई रामचंद्र राव बाद में मैसूर उच्च न्यायालय के न्यायाधीश बने।

पिता के देहांत के बाद विश्वेश्वरैया अपनी माता के साथ बंगलौर में रह रहे मामा रमैया के पास आ गए, जहाँ वे अपनी पढ़ाई पूरी करना चाहते थे। मामा रमैया उन दिनों मैसूर सरकार के सचिवालय में ऊँचे ओहदे पर काम करते थे। बंगलौर आने से पहले विश्वेश्वरैया ने चिक्काबल्लापुर के मिडिल और हाईस्कूल में पढ़ाई की थी। उनकी प्रतिभा से सारे शिक्षक और प्रधानाध्यापक बी. वेंकटपति अयंगर काफी प्रभावित थे। बाद में अयंगर स्कूलों के सर्कल इंस्पेक्टर और विख्यात शिक्षा शास्त्री बने। विश्वेश्वरैया के मन में अपने प्रधानाध्यापक के प्रति काफी सम्मान का भाव था। सहायक प्रधानाध्यापक नाथमणि नायडू का भी वे बहुत

आदर करते थे। नाथमणि उनका खास तौर पर ध्यान रखते थे और अपने घर में पढ़ा भी देते थे। हाईस्कूल की शिक्षा पूरी करने के बाद विश्वेश्वरैया ने बंगलौर के सेंट्रल कॉलेज में दाखिला लिया। कॉलेज के प्रिंसिपल वाटर्स थे, जो गणित के अध्यापक थे। प्रिंसिपल को विश्वेश्वरैया के भीतर छिपी हुई प्रतिभा का आभास हो गया था, प्रिंसिपल ने शिक्षा प्राप्त करने के लिए अपने इस प्रिय छात्र की हर संभव सहायता की और विशिष्ट अंकों के साथ विश्वेश्वरैया ने कॉलेज की शिक्षा पूरी की। जब वाटर्स सेवानिवृत्त होकर इंग्लैंड वापस लौट गए तो उन्होंने अपने प्रिय शिष्य के साथ संपर्क बनाए रखा और दोनों के बीच पत्र-व्यवहार होता रहा। कहा जाता है कि बाद में सोने का बना कफलिंक जो विश्वेश्वरैया पहनते थे, वह प्रिंसिपल वाटर्स ने उन्हें तोहफे के रूप में दिया था। वे इस छात्र के चरित्र, शिष्टाचार और ईमानदारी से काफी प्रभावित हुए थे।

अपना खर्च चलाने के लिए और परिवार की देखभाल करने के लिए विश्वेश्वरैया को धनोपार्जन की जरूरत थी, इसीलिए वे छात्रों को ट्यूशन पढ़ाने लगे। उन्होंने जिन छात्रों को ट्यूशन पढ़ाया, उनमें सी.ए. ननजप्पा भी शामिल थे, जो बाद में मैसूर मेडिकल सर्विस के मशहूर सर्जन बने।

इसके बाद उन्होंने पूना के इंजीनियरिंग कॉलेज में दाखिला ले लिया। पढ़ाई जारी रखने के लिए उन्हें मैसूर सरकार की तरफ से छात्रवृत्ति मिलती थी। विद्यार्थी के रूप में वे अत्यंत मेधावी, मेहनती, और शालीन स्वभाव के थे। छात्रों से जिस कर्तव्य पालन की अपेक्षा रखी जाती है, विश्वेश्वरैया उस मामले में सदैव विचारशील, समर्पित छात्र के रूप में दिखाई देते थे। किसी भी विषय को अच्छी तरह समझना, समस्त विवरणों को जुटाना उनकी ऐसी आदत थी, जो जीवन-भर उनके साथ रही। उनकी वेशभूषा, आदतों, शिष्टाचार, जीवन के दैनिक कार्यों से उनकी चारित्रिक खूबियाँ प्रदर्शित होती थीं। वे अपने इर्द-गिर्द की समस्त गतिविधियों में दिलचस्पी लेते थे। वे संस्थानों में जाते थे, बहसों में भागीदारी करते थे, लोगों से नए संपर्क बनाते थे और प्रत्येक उपयोगी विषयों के बारे में अधिकाधिक जानकारियों का संग्रह करते थे। ऐसा वे अपना आत्म विकास करने के लिए करते थे। इसके अलावा वे अपने समय के लोगों और परिस्थितियों को अच्छी तरह समझना चाहते थे। वे ज्ञान के लिए सदैव जिज्ञासु बने रहते थे। उन दिनों पूरा शहर महाराष्ट्र के बौद्धिक, राष्ट्रवादी, सामाजिक एवं नैतिक जागरण का प्रमुख केंद्र बना हुआ था। राष्ट्रवादी आंदोलन का उस समय बीजारोपण हो रहा था और पश्चिमी भारत के कई महान् व्यक्ति उस समय पूना में रह रहे थे। उदार और गर्म विचारोंवाले

राष्ट्रवादी नेता एक साथ सक्रिय थे। वहाँ कई सामाजिक, नैतिक एवं शैक्षणिक जागरण के आंदोलनों का सूत्रपात भी हुआ था।

पूना के जिला न्यायाधीश एवं बाद में बंबई हाईकोर्ट के न्यायाधीश बननेवाले महादेव गोविंद रानाडे जैसे विख्यात व्यक्ति विश्वेश्वरैया की प्रतिभा से अत्यंत प्रभावित हुए थे। रानाडे उनसे स्नेह रखते थे। वर्ष 1883 में इंजीनियरिंग की परीक्षा में विश्वेश्वरैया ने प्रथम स्थान प्राप्त किया और तुरंत उन्हें बंबई सरकार के लोक निर्माण विभाग में सहायक इंजीनियर के पद पर नियुक्ति मिल गई। उन्हें नासिक में तैनात किया गया। कॉलेज ऑफ साइंस में प्रथम स्थान प्राप्त करने वाले छात्र को यह नौकरी तुरंत मिल जाया करती थी। रानाडे ने नासिक के डिप्टी कलेक्टर के नाम एक परिचय पत्र लिखकर विश्वेश्वरैया को दिया। नवंबर, 1883 में विश्वेश्वरैया को आई.सी.ई. की डिग्री मिली और वे मार्च, 1884 से सरकारी नौकरी करने लगे। 1884 से 1908 तक वे बंबई सरकार की सेवा करते रहे। इस अवधि में कठोर मेहनत, लगन, कार्य के प्रति निष्ठा, इंजीनियर के रूप में दक्षता और उच्च चरित्र के साथ वे तेजी से उन्नति के मार्ग पर कदम बढ़ाते चले गए।

नियुक्ति के कुछ दिनों के बाद ही उन्हें सीनियर ग्रेड हासिल हो गया। कार्यकारी इंजीनियर के दायित्वों से बढ़कर उन्हें सुपरिंटेंडेंट इंजीनियर के दायित्वों को निभाने का मौका मिला। केवल एक ही पद उन्हें नहीं मिला, वह था चीफ इंजीनियर का पद, जो उस समय केवल अंग्रेज अधिकारियों के लिए आरक्षित था।

अपने सेवाकाल में उन्हें बंबई प्रेसीडेंसी के विभिन्न क्षेत्रों में सिंचाई, स्वच्छता और पेयजल आपूर्ति से जुड़े दायित्वों को निभाने का अवसर मिला। अंग्रेज सरकार ने पोर्ट ऑफ एडन में अपने सैनिकों के रहने का इंतजाम किया था। विश्वेश्वरैया को पोर्ट ऑफ एडन में तैनात किया गया। उन्हें प्रभावशाली भूमिगत नाला निर्माण की योजना को साकार करने के लिए प्रशासन की मदद करने का दायित्व सौंपा गया। इसके अलावा उन्हें पेयजल आपूर्ति योजना तैयार करने की जिम्मेदारी भी सौंपी गई। विश्वेश्वरैया ने दोनों ही कार्यों के लिए योजना बनाई। पेयजल आपूर्ति की व्यवस्था करना चुनौतीपूर्ण काम था। चूँकि जल का एकमात्र स्रोत एक नदी थी, जो लाहेज के सुल्तान के कब्जेवाले क्षेत्र में बहती थी।

सम्मेलनों और समितियों में विश्वेश्वरैया को सरकार का प्रतिनिधित्व करने के लिए आमंत्रित किया जाता था। विश्वेश्वरैया के शोधपत्रों में तथ्यों का सटीक विवरण तो होता ही था, साथ ही इंजीनियरिंग के सिद्धांतों पर भी उनमें रोशनी

डाली जाती थी। ऐसे शोधपत्रों का श्रोताओं पर गहरा प्रभाव पड़ता था। विषय के ऊपर उनके अधिकार और ठोस तर्कों से सभी प्रभावित होते थे। उनकी मेधा से सरकार के आला अधिकारी भी प्रभावित थे। बंबई प्रेसीडेंसी के कई गवर्नर विश्वेश्वरैया की प्रतिभा का लोहा मान चुके थे और उनकी योग्यता तथा कार्यों की सराहना कर चुके थे। अपने सेवाकाल में विश्वेश्वरैया को अपने 18 वरिष्ठ अधिकारियों को पीछे छोड़कर पदोन्नति हासिल करने का मौका मिला, जो कोई सामान्य बात नहीं थी।

लगभग पाँच दशक के बाद विश्वेश्वरैया ने स्वयं बंबई प्रेसीडेंसी की नौकरी के दौरान किए गए कार्यों को याद करते हुए संस्मरण के आधार पर एक पुस्तक की रचना की। इस पुस्तक में उन्होंने अपने अनुभवों का विस्तारपूर्वक वर्णन किया।

बंबई सरकार के दायित्वों को निभाने के साथ-साथ विश्वेश्वरैया को कोल्हापुर और सिंध के सक्खड़ नगर में बाढ़ राहत, बाँधों की मरम्मत और जलापूर्ति योजना के संबंध में सलाह देने के लिए भी आमंत्रित किया गया। अपने सरकारी दायित्वों को निभाते हुए उन्होंने ऐसी परियोजनाओं की बुनियाद रखी, जो लंबे समय तक आम जनता को लाभान्वित करनेवाली थी। उन्होंने कई शहरों में सड़क निर्माण, सार्वजनिक भवनों की मरम्मत और नगर विकास की रूपरेखा तैयार करने में अहम भूमिका निभाई। उन्होंने धारवाड़, बेलगाम, बीजापुर एवं अन्य कई स्थानों पर जलापूर्ति योजनाएँ तैयार कीं। सिंध के सक्खड़ और एडन में किए गए उनके कार्यों की प्रशंसा विदेशों में भी हुई। उन्होंने पूना में मूथा नहर की बाढ़ को नियंत्रित करने के लिए खडकवासला बाँध के पास स्वचालित जलद्वार लगवाए और नीरा नहर के जरिए सिंचाई हेतु जलापूर्ति की कारगर योजना बनाई। स्वचालित जलद्वार की प्रणाली की खोज उन्होंने ही की थी। उनकी इस खोज की ख्याति देश-विदेश में फैल गई थी।

पूना उनके लिए गृहनगर जैसा बन गया था। इसी शहर में उन्होंने इंजीनियरिंग की डिग्री हासिल की थी, बंबई प्रेसीडेंसी के लिए कार्य करते समय तकरीबन 15 वर्षों तक यही शहर उनके सरकारी कार्यों का मुख्यालय बना हुआ था, वर्ष में कुछ महीनों तक बंबई सरकार का कामकाज यहीं से संचालित होता था। लोकसेवा, नागरिकता और समूचे देश की भलाई के संबंध में विश्वेश्वरैया के विचारों को ठोस आकार पूना में ही मिला था। इसी शहर में उनका परिचय रानाडे, गोखले और तिलक जैसी महान् देशप्रेमी हस्तियों के साथ हुआ था। उन्हें इस बात को लेकर

संतोष होता था कि वे इतने सालों तक पूना जैसे शहर में रह पाए थे। यहीं रहकर उनके विचार परिपक्व होते गए और लोगों के कल्याण के कार्यों के प्रति उनके मन में संकल्प मजबूत होता गया।

इस कार्यकाल की दो अहम उपलब्धियाँ हमेशा के लिए उनके नाम के साथ जुड़ गई थीं—स्वचालित जलद्वार की खोज और सिंचाई के लिए ब्लॉक प्रणाली का विकास।

खडकवासला बाँध के लिए पहली बार स्वचालित जलाशयों का इस्तेमाल किया गया और विश्वेश्वरैया ने इस खोज का पेटेंट अपने नाम से हासिल कर लिया। इस प्रणाली के कार्य करने के तरीके के बारे में विश्वेश्वरैया ने 'मेमोयर्स ऑफ माई वर्किंग लाइफ' में लिखा है—

> ''झील में हर साल सरप्लस वेयर के ऊपर से छह से लेकर आठ फुट तक अतिरिक्त पानी बह जाता था। मैंने स्वचालित जलद्वार की प्रणाली तैयार की, ताकि झील में जल संग्रह की क्षमता 8 फीट की ऊँचाई तक स्थायी रूप से बढ़ाई जा सके। इस प्रणाली को लागू करने से बाँध को ऊँचा किए बिना ही झील की संग्रह क्षमता 25 प्रतिशत तक बढ़ गई। पिछली बाढ़ के स्तर तक पानी बढ़ने पर जलद्वार पानी को रोके रखते थे, मगर उससे ज्यादा पानी बढ़ने पर स्वचालित जलद्वार अपने आप खुल जाते थे और अतिरिक्त पानी निकल जाता था, सरप्लस वेयर से 8 फीट नीचे तक पानी का स्तर आने पर जलद्वार अपने आप बंद हो जाते थे और पानी को निकलने से रोकते थे।''

चूँकि उन्होंने सरकारी सेवा करते हुए इस विधि का आविष्कार किया था, इसीलिए इस पेटेंट के बदले कोई रॉयल्टी लेना उन्होंने उचित नहीं समझा। बाद में स्वचालित जलद्वारों का इस्तेमाल मैसूर के कृष्णराज सागर बाँध, ग्वालियर के टिगरा बाँध और अन्य कई स्थानों पर किया गया।

सिंचाई के लिए ब्लॉक प्रणाली की खोज विश्वेश्वरैया की दूसरी बड़ी उपलब्धि थी। भारतीय सिंचाई आयोग के अध्यक्ष सर कोलिन सी. स्कॉट मोनक्रीफ के अनुरोध पर विश्वेश्वरैया ने इस प्रणाली की खोज की थी। यह बंबई प्रेसीडेंसी में सिंचाई की ऐसी व्यवस्था थी, जो काफी लोकप्रिय और सरकार के लिए लाभदायक साबित हुई। सरकार ने इस योजना के लिए जो रकम खर्च की थी, उसके बदले उसे पर्याप्त मुनाफा भी प्राप्त हुआ। सिंचाई आयोग ने विश्वेश्वरैया की प्रणाली को

मंजूरी देकर बंबई सरकार से इस पर अमल करने की सिफारिश की थी। योजना के बारे में आयोग ने अपनी राय इस तरह जाहिर की थी—

> "हमें बंबई सरकार की तरफ से एम. विश्वेश्वरैया की तैयार की गई एक दिलचस्प परियोजना मिली है, जिसमें उन्होंने विस्तारपूर्वक लंबे समय तक प्रभावी रहनेवाली ब्लॉक प्रणाली के बारे में बताया है। यह परियोजना हमें ठोस और विचारपूर्ण लगती है। अगर दक्षिण में सिंचाई के लिए इस प्रणाली को आजमाया जाए तो यह लोगों के लिए अत्यंत उपयोगी साबित होगी और सरकार के लिए भी लाभदायक रहेगी। इसीलिए हम उम्मीद रखते हैं कि एम. विश्वेश्वरैया की प्रस्तावित परियोजना को जल्द-से-जल्द आजमाया जाएगा।"

इस परियोजना के उद्देश्यों पर रोशनी डालते हुए बताया गया था कि सिंचाई परियोजना का लाभ इसके जरिए अधिक-से-अधिक गाँवों तक पहुँचा पाना संभव होगा। प्रत्येक गाँव में निश्चित यूनिटों के ब्लॉक के जरिए चुनी गई जमीन और परिस्थिति के आधार पर सिंचाई की व्यवस्था की जाएगी। प्रत्येक गाँव में ब्लॉकों का कुल क्षेत्र इतना बड़ा होगा कि सभी किसान फसल की सिंचाई की सुविधा प्राप्त कर सकेंगे, मगर कोई भी व्यक्ति पानी का दुरुपयोग नहीं कर पाएगा।

विश्वेश्वरैया को नीरा नहर में इस परियोजना को लागू करने की जिम्मेदारी सौंपी गई। जिले का कलेक्टर और सब डिवीजनल ऑफिसर—दोनों यूरोपियन थे। उन दोनों के अधिकार क्षेत्र में नीरा नहर थी, मगर उन्होंने परियोजना के लिए आवश्यक सहायता मुहैया नहीं करवाई। विश्वेश्वरैया विपरीत परिस्थितियों में भी दृढ़ता के साथ कार्य करना अच्छी तरह जानते थे। उन्होंने ऐसे प्रमाण जुटाए जिनसे पता चलता था कि अंग्रेज और देशी अधिकारी परियोजना को लागू करने के लिए मदद नहीं कर रहे थे। इस तरह सरकार ने अधिकारियों को कठोर निर्देश जारी किया कि वे परियोजना को सफल बनाने के लिए हर संभव मदद करें। ग्रामीणों को परियोजना के प्रति जागरूक बनाने के लिए विश्वेश्वरैया ने इलाके के कुछ प्रभावशाली किसानों को परियोजना से होनेवाले फायदों के बारे में अवगत करवाया। जैसे ही किसानों को सिंचाई परियोजना की उपयोगिता समझ में आई, संपूर्ण नहर क्षेत्र में लोग सहयोग करने के लिए तत्पर हो गए।

इस परियोजना की सफलता का बखान करने के लिए विश्वेश्वरैया ने संस्मरण की पुस्तक में बंबई सरकार के आला अधिकारी सर जॉन मूइट मैकेंजी की टिप्पणी

का विशेष रूप से उल्लेख किया। जब परियोजना को लागू किए हुए चार साल हो गए तो जून, 1908 में बंबई विधान परिषद् को संबोधित करते हुए मैकेंजी ने कहा, ''सिंचाई की ब्लॉक प्रणाली नीरा नहर क्षेत्र में कामयाब साबित हुई है। इससे 3.5 प्रतिशत लाभ प्राप्त हो रहा है, जो बढ़कर 5 प्रतिशत हो जाएगा। इस प्रणाली की सफलता का श्रेय पूरी तरह एम. विश्वेश्वरैया की प्रतिज्ञा को जाता है, जो लोक निर्माण में यूरोपीय या देशी अधिकारियों के बीच सबसे अधिक योग्य अधिकारी हैं। यह मेरे लिए खुशी की बात है कि उनके साथ मुझे काम करने का मौका मिला।''

विश्वेश्वरैया ने अपने खास अंदाज में किसानों और अधिकारियों को परियोजना के साथ जोड़ने में सफलता हासिल की थी। इससे पहले भी संबंधित लोगों को साथ लेकर चलने की उनकी नीति सफल रही थी। सिंचाई के लिए उपलब्ध पानी की फिजूलखर्ची को रोकने के लिए पूना के सिंचाई विभाग के प्रभारी असिस्टेंट इंजीनियर वी.एन. वर्तक ने दस दिन के अंतराल पर राशनिंग प्रणाली को लागू करने का प्रयास किया था, मगर किसान इस प्रणाली को मानने के लिए तैयार नहीं थे, क्योंकि वे जरूरत पड़ने पर अपनी मर्जी से सिंचाई के लिए पानी का इस्तेमाल नहीं कर सकते थे। उन्होंने तिलक के अखबार 'केसरी' के जरिए अपने विरोध को व्यक्त किया। विश्वेश्वरैया ने इस समाचार की कतरन सरकार को भेजकर इस प्रणाली को लागू करने की वजह को स्पष्ट करने हुए सबसे पहले सरकार का विश्वास हासिल किया। किसानों को इस प्रणाली की उपयोगिता से अवगत कराने के लिए उन्होंने फर्गुसन कॉलेज के सभागार में सम्मेलन का आयोजन किया। इस सम्मेलन में किसानों को विस्तार से बताया गया कि पानी की फिजूलखर्ची रोकने से किस तरह किसानों को ही फायदा पहुँचनेवाला था। केसरी के संपादक एन.सी. केलकर नई व्यवस्था के समर्थन में दिए गए तर्कों से प्रभावित हुए और उन्होंने अखबार में इस तरह के सुधार की सराहना करते हुए लेख प्रकाशित किए।

यह लोकप्रिय प्रबंधन और मार्गदर्शन का सिद्धांत था, जिसे विश्वेश्वरैया ने विकसित किया था। वे समय पर अपने इस सिद्धांत को कारगर तरीके से आजमाते भी रहे थे। यह एक प्रकार से 'खुला संवाद और प्रचार' का मार्ग था। जीवन के बाद के वर्षों में उन्होंने जन-जागरुकता पर महत्त्वपूर्ण विचार व्यक्त किए और जनहित के लिए अधिक लोकतांत्रिक पद्धतियों को आजमाने पर जोर दिया, ताकि जनता को सहमत किया जा सके और किसी निश्चित विषय के संबंध में उसे जागरूक बनाया जा सके।

प्रमाणों और तथ्यों का संग्रह करना, सशक्त तरीके से अपना पक्ष रखना, आलोचना का उचित उत्तर देना, नए प्रस्ताव को लागू करने से होने वाले लाभों की व्याख्या करना, सभी संबंधित व्यक्तियों का विश्वास हासिल करना, टकराव और मतभेद दूर करना—इन सभी मामलों में विश्वेश्वरैया की शैली उस जमाने में बिलकुल अनूठी थी। उनकी इस शैली का गहरा असर होता था और एक सच्चे राष्ट्र निर्माता के रूप में वे जनहित के कार्यों को अंजाम तक पहुँचाने के लिए इस शैली का इस्तेमाल करते थे।

विश्वेश्वरैया सच्चे देशभक्त थे, जो अपने देश के सर्वांगीण विकास का सपना देख रहे थे। उनका सपना था कि वे जीते जी अपने देशवासियों को एक नए और आधुनिक भारत में साँस लेते हुए देख सकें। यही वजह थी कि वे सामाजिक और आर्थिक स्तर पर बदलाव की बात कर रहे थे, विज्ञान और प्रौद्योगिकी के इस्तेमाल की बात कर रहे थे और आधुनिक औद्योगिक प्रणाली का इस्तेमाल कर देशवासियों के जीवन स्तर को उन्नत बनाने की बात कर रहे थे। उन्होंने इंग्लैंड, जापान और अमेरिका जैसे विकसित देशों की यात्राएँ कीं। हर बार वे विदेश से कुछ नई बात सीखने की कोशिश करते थे। 1898 में वे पहली बार जापान गए और उस देश के विकास और उच्च जीवन स्तर को देखकर काफी प्रभावित हुए।

विश्वेश्वरैया ने रानाडे के घर की एक विशेष घटना का उल्लेख किया है। वे जापान की यात्रा से बंबई लौटे थे। उस समय रानाडे बंबई हाईकोर्ट के न्यायाधीश थे और बंबई में ही रह रहे थे। दोनों के बीच जापान के बारे में बातचीत हो रही थी। विश्वेश्वरैया ने कहा कि जापान के लोगों ने विज्ञान और प्रौद्योगिकी के क्षेत्र में विकास करते हुए सर्वांगीण रूप से देश को आगे बढ़ाया था और खुशहाली हासिल की थी। इस तरह परंपरागत संरक्षणवादी समाज को आधुनिक बनाने में जापान को सफलता मिली थी। जब रानाडे घर से बाहर विश्वेश्वरैया को विदा करने के लिए जाने लगे तो उन्होंने एक कमरे की तरफ इशारा किया, जिसमें उनका एक बीमार मित्र लेटा हुआ था। मित्र का नाम वामन आबाजी मोदक था, जो उस जमाने के मशहूर शिक्षा शास्त्री थे। रानाडे ने विश्वेश्वरैया से पूछा, "क्या तुम जानते हो, उस कमरे में मेरे एक बीमार मित्र हैं। उन्हें एक ऐसी बीमारी है जिससे पूरा भारत जूझ रहा है?" तब विश्वेश्वरैया समझ गए कि मोदक पक्षाघात से पीड़ित थे। इस घटना को विश्वेश्वरैया भूल नहीं पाए। देशवासियों के उद्धार के लिए कार्य करने का संकल्प उनके मन में दृढ़ होता गया, मानो नियति ने उन्हें रास्ता दिखा दिया था।

विश्वेश्वरैया जब कॉलेज में पढ़ रहे थे, उसी समय उनकी पहली पत्नी का

देहांत हो गया। उनकी दूसरी पत्नी भी प्रसव के समय चल बसी। तीसरी शादी लगभग उन पर थोपी गई थी, जिससे वे खुश नहीं थे और जल्द ही वे अपनी तीसरी पत्नी से अलग हो गए थे। इस तरह जनता और देश की सेवा करने के लिए वे सभी बंधनों से मुक्त हो चुके थे। उनके जीवन की सबसे अच्छी बात यह थी कि उनकी माता उस समय भी जीवित थी, जब वे मैसूर के दीवान बने थे।

इंजीनियर के रूप में विश्वेश्वरैया के नाम की चर्चा बंबई प्रेसीडेंसी के ऊँचे तबके में होती रहती थी। कई चुनौतीपूर्ण सिंचाई एवं नाला निर्माण परियोजनाओं के लिए उनकी सलाह माँगी जाती थी। उनकी प्रतिभा और उपलब्धियों से जहाँ उन्हें प्रतिष्ठा मिल रही थी, वहीं कम समय में ही वे उन्नति के शिखर की तरफ बढ़ते चले गए थे। उनकी उन्नति से इंजीनियरिंग क्षेत्र के दूसरे सदस्यों के बीच ईर्ष्या और असंतोष का भाव बढ़ता गया था, क्योंकि वे अपने आपको उपेक्षित महसूस कर रहे थे।

सन् 1907 में उन्हें अहसास हुआ कि उन्हें चीफ इंजीनियर का पद तभी मिल पाएगा, जब उनके मूल पद के हिसाब से निर्धारित अवसर मिल पाएगा। इसीलिए उन्होंने समय से पहले ही 47 वर्ष की आयु में सेवानिवृत्ति लेने की इजाजत माँगी। इस बात से उनके अंग्रेज और भारतीय मित्रों को हैरानी हुई। मित्रों ने उन्हें इस तरह का कदम उठाने से मना किया। मित्रों ने तर्क दिया कि ऐसा करने पर उन्हें पेंशन की सुविधा से वंचित होना पड़ सकता था, क्योंकि वे 24 साल की नौकरी के बाद ही सेवानिवृत्ति लेना चाहते थे, लेकिन बंबई सरकार ने मार्च, 1908 में भारत सरकार को पत्र लिखकर अनुरोध किया कि विश्वेश्वरैया के मामले में प्रचलित नियम में छूट दी जाए, क्योंकि उन्होंने सेवाकाल में असाधारण रूप से उपलब्धियाँ हासिल की थी, इसीलिए उन्हें अतिरिक्त रूप से पेंशन प्रदान की जाए।

1908 में सेवानिवृत्त होने के बाद विश्वेश्वरैया यूरोप और अमेरिका की यात्रा पर रवाना हो गए। इटली के मिलान शहर में लंदन के इंडिया ऑफिस के अंडर सेक्रेटरी ने उन्हें बंबई सरकार का भेजा हुआ तार भेजा, जिसमें लिखा था—

> 'निजाम की सरकार हैदराबाद के पुनर्निर्माण और नाला परियोजना के लिए विश्वेश्वरैया का परामर्श लेना चाहती है। हम लोग निजाम की सहायता करना चाहते हैं। हमें बताएँ कि विश्वेश्वरैया क्या तुरंत भारत लौटकर इस दायित्व को संभालना पसंद करेंगे? यह अत्यंत आवश्यक विषय है।'

विश्वेश्वरैया ने सीमित अवधि के लिए यह दायित्व स्वीकार करने की बात कही और कम-से-कम पाँच महीने तक का समय माँगा। उन्होंने अमेरिका की यात्रा जारी रखी और अपनी शर्तों पर निजाम के प्रस्ताव को स्वीकार करते हुए 15 अप्रैल, 1909 को कार्य आरंभ करने हेतु हैदराबाद पहुँच गए। पहली बार किसी भारतीय को इस तरह का दायित्व दिया गया था, जिसे उन्होंने अपनी सुविधा और शर्तों के आधार पर स्वीकार किया था।

विश्वेश्वरैया को निम्न कार्यों के लिए बुलाया गया था—

1. हैदराबाद नगर के पुनर्निर्माण में मदद करने और परामर्श देने के लिए।
2. नगर को भविष्य में बाढ़ से बचाने की योजना बनाने के लिए।
3. हैदराबाद और चंदरघाट में नाला प्रणाली की परियोजना बनाने के लिए।

सन् 1908 में हैदराबाद शहर में भीषण बाढ़ आई थी। मूसा नदी के तटबंध क्षतिग्रस्त हो गए थे और समूचे शहर में बाढ़ का पानी घुस गया था। बाढ़ की वजह से शहर में जान-माल का काफी नुकसान हुआ था। चीफ इंजीनियर का पद सँभालते ही विश्वेश्वरैया जरूरी सर्वेक्षण करने में जुट गए, ताकि हैदराबाद शहर को बाढ़ के खतरे से बचाया जा सके। सर्वेक्षण और आकलन करने के बाद उन्होंने दो जलाशययुक्त बाँध बनाने की योजना तैयार की। एक बांध मूसी नदी के किनारे और दूसरा बाँध उसी नदी की धारा ईसी के किनारे बनाना था। दोनों की शहर से दूरी क्रमशः 13.5 व 10.5 कि.मी. थी। शहर में नदी के तटबंधों की ऊँचाई बढ़ाने और नदी किनारे बगीचे बनाने का प्रस्ताव उन्होंने दिया। उन्होंने नाला प्रणाली तैयार करने के लिए भी एक योजना बनाई। मूसी नदी के दोनों किनारों से गंदे पानी को पाइप के जरिए एक अलग सीवरेज फार्म तक पहुँचाने का उन्होंने सुझाव दिया था। शहर की टाउन प्लानिंग एवं सड़क निर्माण संबंधी परामर्श उन्होंने बाद में दिए। उनकी परियोजनाओं को लागू करने के लिए काफी राशि की जरूरत थी, इसीलिए उन्हें तुरंत लागू नहीं किया जा सका। विश्वेश्वरैया को परियोजना बनाने का दायित्व सौंपा गया था, जिसे उन्होंने दक्षता के साथ पूरा कर दिया था। इसके बाद वे हैदराबाद से लौट आए थे।

अंग्रेज सरकार के अनुरोध पर विश्वेश्वरैया ने सिकंदराबाद शहर के लिए भी नाला प्रणाली की योजना बनाई थी।

मैसूर के तत्कालीन दीवान सर वी.पी. माधव राव के साथ विश्वेश्वरैया की जान-पहचान बनी हुई थी। माधवराव चाहते थे कि विश्वेश्वरैया मैसूर के चीफ इंजीनियर बन जाएँ। शुरू-शुरू में विश्वेश्वरैया मैसूर में कार्य करने के लिए तैयार

नहीं हुए थे। वे सरकारी नौकरी करने के लिए इच्छुक नहीं थे, क्योंकि वे निजी उद्यमियों को लेकर भारत में तकनीकी शिक्षा और उद्योगों को बढ़ावा देना चाहते थे। दूसरी वजह यह थी कि उन्हें अपने गृह राज्य में एक महाराजा के अधीन कार्य करते हुए हिचकिचाहट महसूस हो रही थी, जिस महाराजा को अंग्रेज अफसरों के दबाव में काम करना पड़ता था। बंबई प्रेसीडेंसी की नौकरी करते समय ऐसे अंग्रेज अफसरों के साथ विश्वेश्वरैया का पद बराबरी का था और उन्हें किसी तरह के दबाव में कार्य करने की आदत नहीं थी। विदेश यात्राओं के दौरान उन्होंने स्वतंत्रता की भावना को शिद्दत के साथ महसूस किया था और वे अपने हृदय की आवाज के विपरीत किसी तरह का काम करना नहीं चाहते थे। यह एक असाधारण बात थी कि जिस व्यक्ति का आरंभिक जीवन निर्धनता के साये में व्यतीत हुआ था, उसने अपने लिए उच्च महत्त्वाकांक्षाएँ और सिद्धांत निर्धारित कर लिये थे, जो स्वतंत्र और निर्भीक नागरिक के रूप में अपने देश की भलाई के लिए व्यापक कदम उठाने के सपने देख रहा था।

अब तक उन्होंने भारत और विदेशों में राजनीतिक, बौद्धिक और सरकारी हलकों में अच्छी जान-पहचान बना ली थी। उन्होंने बंबई में विठ्ठल भाई ठाकरसे, टाटा आदि उद्योगपतियों एवं व्यापारियों से मित्रता स्थापित कर ली थी। इससे पहले उन्होंने मैसूर के दीवान पी.एन. कृष्णमूर्ति को पत्र लिखकर अनुरोध किया था कि वह बंगलौर में इंस्टीट्यूट ऑफ साइंस की स्थापना करने के लिए टाटा की हर संभव सहायता करें। चूँकि आधुनिक विज्ञान का अध्ययन केंद्र स्थापित करने का यह अनमोल अवसर उनके सामने आया था, अतः मैसूर सरकार ने उनके सुझाव को स्वीकार कर लिया था। यह अध्ययन केंद्र देश में स्नातकोत्तर विज्ञान विषयक शोध के क्षेत्र में अग्रणी बनकर सामने आया था।

जून, 1909 में मैसूर के चीफ इंजीनियर एम. मैकटचीन सेवानिवृत्त होने वाले थे और मैसूर के दीवान माधवराव का कार्यकाल 31 मार्च, 1909 को समाप्त होनेवाला था। माधवराव ने विश्वेश्वरैया को संदेश भेजा कि वे मैकटचीन की सेवानिवृत्ति के बाद चीफ इंजीनियर का पद सँभाल लें। विश्वेश्वरैया ने इस प्रस्ताव को स्वीकार नहीं किया, चूँकि वे पहले ही हैदराबाद सरकार के एक प्रस्ताव के लिए हामी भर चुके थे। माधवराव के मन में विश्वेश्वरैया के प्रति सम्मान की भावना थी। जब वे त्रावणकोर के दीवान थे, उसी समय राज्य में शिक्षा और उद्योग को बढ़ावा देने के लिए वे विश्वेश्वरैया की मदद लेने के बारे में सोच रहे थे।

माधवराव की सेवानिवृत्ति के बाद ही आनंदराव मैसूर के दीवान बने। उन्होंने

24 मई, 1909 को विश्वेश्वरैया को पत्र लिखकर बताया कि महाराजा को प्रसन्नता होगी, अगर वे मैसूर को अपनी सेवा देने के लिए सहमत हो जाएँगे। उनकी उच्च योग्यता और उपलब्धियों के साथ-साथ मैसूर राज्य के नागरिक होने के नाते उन्हें इस तरह का प्रस्ताव दिया जा रहा है। इससे पहले दीवान और महाराजा पूना गए थे और उन्होंने विश्वेश्वरैया को मनाने का प्रयास किया था। पत्र में यह भी बताया गया था कि उन्हें अपनी जन्मभूमि में सिंचाई के क्षेत्र में कार्य करने के लिए अपनी प्रतिभा और ऊर्जा का इस्तेमाल करने की खुली छूट मिलेगी। पत्र में यह भी बताया गया था कि महाराजा जनहितों के प्रति विश्वेश्वरैया के समर्पण से काफी प्रभावित थे और मानते थे कि विश्वेश्वरैया अपने दायित्व को महज सरकारी औपचारिकता समझकर नहीं निभाते थे, बल्कि जनता के कल्याण के उद्देश्य को सामने रखकर निष्ठा के साथ कार्य करने में विश्वास रखते थे।

विश्वेश्वरैया ने उत्तर देने से पहले सोचने के लिए कुछ समय माँगा। इस अवधि में उन्होंने जानकारी जुटाई कि क्या मैसूर की सरकार उद्योग और तकनीकी शिक्षा को बढ़ावा देने के लिए वास्तव में उनकी दक्षता का इस्तेमाल करना चाहती थी, साथ ही राज्य में इस तरह के विकास कार्यों की संभावना कितनी थी।

विदेश यात्राओं के दौरान उद्योग एवं तकनीकी शिक्षा के क्षेत्र में हो रही प्रगति ने उनका ध्यान आकर्षित किया था। वे अपने देश में भी वैसी ही प्रगति को साकार होते हुए देखना चाहते थे। जब दीवान ने उन्हें आश्वस्त किया कि इस तरह के कार्यों के लिए महाराजा उनकी भरपूर मदद करने के लिए तैयार हैं और उनके बहुमूल्य सुझावों के अनुसार कारगर कदम उठाने के लिए तैयार हैं तो उन्होंने प्रस्ताव को स्वीकार कर लिया।

15 नवंबर, 1909 को विश्वेश्वरैया ने मैसूर के चीफ इंजीनियर का पद स्वीकार कर लिया। चीफ इंजीनियर के पद के अलावा उन्हें रेलवे विभाग के सचिव की अतिरिक्त जिम्मेदारी भी सौंपी गई थी। उनके सामने संभावनाओं का विशाल क्षेत्र खुला हुआ था, जहाँ वे अपने सपनों को वास्तविकता के धरातल पर उतारने के लिए पूरी तरह स्वतंत्र थे। उस समय उनकी उम्र 48 साल थी और पूरी जिंदगी उनके सामने पड़ी हुई थी। वे छात्र के रूप में, ब्रिटिश सरकार के अधिकारी के रूप में देखे गए सपनों को अब साकार कर सकते थे। दुनिया के विभिन्न देशों की यात्रा करते हुए उन्होंने विज्ञान और प्रौद्योगिकी के क्षेत्र की प्रगति की जो कल्पना अपने देश के लिए की थी, अब उस कल्पना के आधार पर कदम उठाने का अवसर आ गया था। उनका मानना था कि देश की उन्नति के लिए सबसे पहले

गरीबी और अज्ञानता को मिटाना आवश्यक था। जनता को आर्थिक और बौद्धिक रूप से समृद्ध बनाना आवश्यक था। इसके अलावा मैसूर आकर उन्हें भावनात्मक रूप से खुशी का अहसास हुआ था, क्योंकि वे अपनी जन्मभूमि में लौट आए थे। अगर मैसूर में किए जानेवाले उनके प्रयोग सफल होंगे तो उन प्रयोगों को समूचे भारत में आजमाना संभव हो सकेगा। वे समझ नहीं पा रहे थे कि जो देश प्राकृतिक संसाधनों से इतना समृद्ध था और जहाँ की आबादी मेहनतकश थी, वही देश निर्धन और पिछड़ा हुआ क्यों था, जबकि जापान, स्वीडन, कनाडा, जर्मनी आदि छोटे देशों ने प्रगति के क्षेत्र में असाधारण सफलता हासिल कर ली थी। अगर मानव मस्तिष्क का सदुपयोग कर इस तरह की प्रगति को संभव बनाया जा सकता है तो वे भी वैसी ही प्रगति को संभव बनाने के लिए अपनी प्रतिभा और ऊर्जा का इस्तेमाल करना चाहते थे।

□

चीफ इंजीनियर के रूप में

मैसूर के चीफ इंजीनियर का पद सँभालते ही विश्वेश्वरैया ने तकनीकी शिक्षा और उद्योग के लिए दो अलग-अलग समितियाँ बनाने के लिए मैसूर सरकार को तैयार कर लिया। उद्योगों एवं अन्य आर्थिक समस्याओं पर विचार करने के लिए मैसूर इकोनोमिक कॉन्फ्रेंस नामक समिति का गठन किया गया। विश्वेश्वरैया को दोनों ही समितियों का अध्यक्ष बनाया गया। सिंचाई और पनबिजली परियोजनाओं का काम भी उन्होंने शुरू किया। राज्य में रेलवे के विस्तार का दायित्व भी उन्होंने संभाला।

मैसूर में सिंचाई के लिए छोटी नदियों, नहरों और जलाशयों के पानी का इस्तेमाल हो रहा था। राज्य की उत्तरी सीमा के पास हिरीयुर तालुक में मारीकानिव में एक बाँध का निर्माण किया गया। विश्वेश्वरैया ने देखा कि त्रुटिपूर्ण वितरण की वजह से जलाशय का काफी पानी बरबाद हो रहा था और समूचे इलाके में मलेरिया रोग फैला हुआ था। उन्होंने सिंचाई के लिए ब्लॉक प्रणाली को लागू करने का सुझाव दिया। बंबई प्रेसीडेंसी के कार्यकाल में वे इस प्रणाली को सफलतापूर्वक लागू कर चुके थे, लेकिन उनके सुझाव का तीव्र विरोध किया गया और उन्होंने प्रणाली को लागू करने का विचार छोड़ दिया। जीवन के अंतिम समय तक उन्हें इस बात का गहरा अफसोस था कि जलाशय के पानी का सदुपयोग नहीं हो पा रहा था। हालाँकि बाद के वर्षों में जलाशय के पानी का सदुपयोग होने लगा।

उन्होंने सिंचाई और पनबिजली परियोजना की रूपरेखा तैयार की, जो कृष्णराज सागर बाँध के रूप में साकार हुई। लंबे समय से कावेरी नदी का पानी यूँ ही बहता जा रहा था और उसका सदुपयोग नहीं किया जा रहा था। जब सर के.शेषाद्रि अय्यर दीवान थे, तब शिवसमुद्रम के पास कावेरी की जलधारा से 9,700 किलोवाट

बिजली पैदा करने के लिए संयंत्र की स्थापना की गई थी। बिजली स्टेशन से 140 कि.मी. दूर कोलार स्वर्ण खदानों को 8,200 किलोवाट बिजली की आपूर्ति की जाती थी। बिजली की आपूर्ति नियमित रूप से नहीं हो पाती थी और गर्मी के दिनों में पानी का प्रवाह घट जाने से बिजली का उत्पादन भी कम हो जाता था।

कन्नमबडी गाँव में एक जलाशय बनाने की योजना तैयार की गई थी, मगर उस पर अमल नहीं किया गया था। विश्वेश्वरैया मिस्र के प्रसिद्ध एसुएन जलाशय को देख चुक थे। उनके पास बंबई प्रेसीडेंसी और हैदराबाद में कई जलाशयों का निर्माण करने का अनुभव भी था। कावेरी के पानी का सिंचाई और बिजली उत्पादन के उद्‌देश्य से इस्तेमाल करने के लिए उन्होंने ठोस परियोजना बनाइ। कोलार स्वर्ण खदान के मैनेजिंग एजेंट का नाम जॉन टेलर एंड सन्स था। यह फर्म भी बिजली की अनियमित आपूर्ति से परेशान थी और खदान के लिए थर्मल पावर स्टेशन लगाने के बारे में विचार कर रही थी। विश्वेश्वरैया सरकार के बिजली विभाग के भी सचिव थे। उन्होंने टेलर एंड सन्स के प्रतिनिधियों और चीफ इलेक्ट्रिकल इंजीनियर एच.पी. गिब्स के साथ विचार-विमर्श किया और जलाशय के आकार को सुनिश्चित किया।

48,000 मिलियन क्यूबिक फीट जल का संग्रह करने के लिए 124 फीट (38 मीटर) ऊँचे विशाल बाँध की रूपरेखा तैयार की गई। इसकी सहायता से 1,50,000 एकड़ कृषि भूमि की सिंचाई की जा सकती थी और 60,000 किलोवाट बिजली का उत्पादन किया जा सकता था।

इतनी अधिक मात्रा में बिजली पैदा होने से जहाँ कोलार स्वर्ण खदान की जरूरतें पूरी हो सकती थीं, वहीं बंगलौर और मैसूर में कई उद्योग खोले जा सकते थे। इन दोनों शहरों को बिजली देने के साथ-साथ नदी घाटी के अन्य क्षेत्रों में भी बिजली की आपूर्ति की जा सकती थी। बाँध स्थल के ऊपर नदी का कैचमेंट एरिया 10,000 वर्ग कि.मी. था। बाँध स्थल से नदी के पानी का सालाना औसत प्रवाह 6,200 मिलियन क्यूबिक मीटर था।

अनुमान लगाया गया कि अगले पाँच सालों के लिए कोलार स्वर्ण खदान को 3,700 किलोवाट बिजली की जरूरत थी और बाद में उसे 7,500 किलोवाट बिजली की जरूरत पड़ सकती थी। शिवसमुद्रम में 15,000 किलोवाट बिजली पैदा करने के लिए जलाशय में पर्याप्त पानी मुहैया कराने की योजना बनाई गई। शिवसमुद्रम के निचले इलाके में स्थित शिमशा में एक दूसरी पनबिजली परियोजना शुरू करने के बारे में विचार किया गया। इन दोनों संयंत्रों से सालाना 60,000

किलोवाट बिजली पैदा हो सकती थी।

इन परियोजनाओं को लागू करने के लिए 2.5 करोड़ रुपए की जरूरत थी। इतनी भारी-भरकम राशि को लेकर सरकार और राजपरिवार के कई लोगों के मन में आशंका पैदा हो गई थी। काफी दिनों तक योजना का काम स्थगित रहा। निराश होकर विश्वेश्वरैया कुछ दिनों का अवकाश लेकर चले गए। जब वे वापस लौटे तो महाराजा ने उन्हें बुलाकर उनकी निराशा और असंतोष का कारण पूछा। जब विश्वेश्वरैया ने कारण बता दिया तो महाराजा ने उन्हें आश्वस्त किया कि उनके सभी प्रस्तावों को लागू करने के लिए आवश्यक धन मुहैया करवाया जाएगा। सरकार ने तुरंत किसी तरह का संशोधन किए बगैर ही जलाशय निर्माण परियोजना को मंजूरी दे दी।

परियोजना को लागू करने के क्षेत्र में दूसरी बाधा मद्रास सरकार की तरफ से आई, जो कन्नमवडी से 100 कि.मी. नीचे मेत्तूर में एक जलाशय का निर्माण करनेवाली थी। मद्रास सरकार का मानना था कि अगर कन्नमवडी में जलाशय बनेगा तो कावेरी का पर्याप्त पानी मेत्तूर तक पहुँच नहीं पाएगा। विश्वेश्वरैया ने अच्छी तरह सोच-विचार करने के बाद कावेरी जल पर मैसूर के अधिकार का दावा किया। निर्माण कार्य शुरू करने के लिए वायसराय की इजाजत माँगी गई। वायसराय ने पहले चरण में 24 मीटर की ऊँचाई तक बाँध का निर्माण करने की इजाजत दे दी। चूँकि विश्वेश्वरैया और मैसूर सरकार अपने पक्ष के सही होने को लेकर आश्वस्त थे, इसीलिए बाँध की अधिकतम ऊँचाई को ध्यान में रखते हुए 38 मीटर की चौड़ाई के साथ बाँध का निर्माण शुरू कर दिया गया। बाद में विवाद निबटारा समिति ने मैसूर के दावे को उचित ठहराया और कृष्णराज सागर बाँध का निर्माण कार्य मूल योजना के अनुसार ही तीव्रता के साथ पूरा किया गया।

7 अक्तूबर, 1916 को मैसूर असेंबली को संबोधित करते हुए कावेरी नदी के जल पर मैसूर के दावे के समर्थन में विश्वेश्वरैया ने अपना तर्क प्रस्तुत किया। उनके तर्कों से इस मामले से जुड़ी तमाम भ्रांतियाँ दूर हो गईं। उन्होंने कहा—

> ''वर्तमान समय में मैसूर में कावेरी नदी क्षेत्र द्वारा 1,15,000 एकड़ कृषि भूमि को सिंचाई का लाभ मिलता है, वहीं मद्रास प्रेसीडेंसी में 12,25,500 एकड़ कृषि भूमि को सिंचाई का लाभ मिलता है। इस तरह मद्रास प्रेसीडेंसी को 92 प्रतिशत लाभ मिलता है, जबकि मैसूर को सिर्फ 8 प्रतिशत का लाभ मिलता है… ।''

मैसूर और मद्रास की सिंचाई जरूरतें पूरी होने के बाद भी अतिरिक्त जल हर साल समुद्र में चला जाता है। मैसूर की योजना केवल थोड़े अतिरिक्त जल का संग्रह करने से संबंधित है।

मैसूर राज्य में सिंचाई क्षेत्र का विस्तार 1,50,000 एकड़ कृषि भूमि तक करने की योजना है। वहीं मद्रास की योजना 3,20,000 एकड़ कृषि भूमि पर केंद्रित है। इस तरह मैसूर की तुलना में मद्रास दोगुने क्षेत्र में सिंचाई सुविधा मुहैया कराना चाहता है।

उस समय तक कृष्णराज सागर बाँध भारत का सबसे बड़ा बाँध था। बाईं तरफ से नहर बनाने के लिए पहाड़ी क्षेत्र में 2.8 कि.मी. सुरंग बनाई गई। सिंचाई के लिए बनाई गई यह देश की सबसे लंबी सुरंग थी।

यह एक बहुउद्देश्यीय परियोजना थी और बिजली तथा सिंचाई की सुविधा सुलभ हो जाने पर कई उद्योगों की स्थापना संभव हो गई। देश की बड़ी चीनी मिलों में से एक मैसूर चीनी मिल की स्थापना इसी बाँध के निर्माण के कारण संभव हो पाई।

अनुमान लगाया गया था कि परियोजना की लागत 10.5 करोड़ रुपए थी, वहीं जनता को सालाना 15 करोड़ रुपए का लाभ मिलने वाला था। इस परियोजना के चलते सरकार को हर साल 1.5 करोड़ रुपए का राजस्व मिलने वाला था, जो मूल पूँजी पर 15 प्रतिशत का शुद्ध मुनाफा था। बाद में विश्वेश्वरैया इस तथ्य को जानकार खुश हुए थे कि मंड्या इलाके में प्रत्येक किसान के पास लोहे की अलमारी थी। नई नहर प्रणाली के जरिए गन्ने और अनाज के खेतों को सिंचाई का लाभ मिलने लगा था और किसानों के जीवन में समृद्धि आने लगी थी। मंड्या में चीनी मिल की स्थापना होने से किसान गन्ने की खेती करने के लिए प्रेरित हुए थे और वे गन्ने की आपूर्ति कर लाभ अर्जित करने लगे थे। जहाँ किसानों के जीवन स्तर में सकारात्मक बदलाव दिखाई देने लगा था, वहीं गन्ने की नई नस्लों की खेती भी होने लगी थी।

शिक्षा की प्रगति करने के लिए आरंभिक कदम के रूप में एक कमेटी बनाई गई थी, जिसमें शिक्षा विभाग के इंस्पेक्टर जनरल जे. वीयर के अलावा राज्य के तीन देशी अधिकारियों को शामिल किया गया था। विश्वेश्वरैया इस कमेटी के अध्यक्ष थे। तकनीकी शिक्षा के बारे में एक रिपोर्ट सरकार के सामने सितंबर, 1912 में पेश की गई।

राज्य का आर्थिक विकास तेजी से करने के लिए सरकारी अधिकारियों और

गण्यमान्य व्यक्तियों को साथ लेकर मैसूर इकोनोमिक कॉन्फ्रेंस का गठन किया गया। 1911 में इसकी बैठक का उद्घाटन मैसूर के महाराजा ने किया। अपने उद्घाटन भाषण में महाराजा ने आधुनिक सोच का परिचय देते हुए कहा—

''सभी आर्थिक समस्याओं को दूर करने का समाधान शिक्षा में निहित है। इसके महत्त्व को समझते हुए हमने शिक्षा को प्रथम स्थान पर रखा है। जब हम राज्य की आर्थिक स्थिति की पड़ताल करते हैं, तब हमें अज्ञान, गरीबी, बीमारी और असमय होने वाली मौतों के कारणों की भी पड़ताल करनी होगी। हमारा लक्ष्य ऐसी स्थितियों में बदलाव लाना है। वक्त बदल रहा है। संचार माध्यमों के विकास के साथ, यातायात की सुविधा के साथ दूरियाँ सिमटती जा रही हैं। कृषि और उत्पादन के क्षेत्र में प्रतियोगिता का वातावरण तैयार हो रहा है। दक्ष और सुदृढ़ लोग ही विकास कर पाएँगे। अगर हम बाबा आदम के जमाने के तरीके से कार्य करते रहेंगे तो हरगिज कामयाबी हासिल नहीं कर पाएँगे…।''

लगभग एक सदी पहले कहे गए ये शब्द आज भी उतने ही प्रासंगिक लगते हैं, जितने उस समय रहे होंगे। शिक्षा के साथ विकास का गहरा रिश्ता हर युग में बना रहा है। अतीत की अपनी स्थिति को देखते हुए वर्तमान की प्रगति का गुणगान करना उचित नहीं होता। किसी भी देश को अपनी प्रगति को मापने के लिए अंतरराष्ट्रीय पैमाने का इस्तेमाल करना चाहिए अर्थात दूसरे देशों की खुशहाली और विकास के साथ अपनी तुलना करनी चाहिए। विकास का यही तुलनात्मक दृष्टिकोण विश्वेश्वरैया को प्रेरित कर रहा था। उस दौरान इकोनोमिक कॉन्फ्रेंस की तरफ से कई ठोस कदम उठाए गए। इसके साथ गैर-सरकारी सदस्यों को भी जोड़ा गया था, इसीलिए कुछ लोग इसे संदेह की नजरों से देखते थे और सरकार की आलोचना भी करते थे।

राज्य में औद्योगिक विकास को गति प्रदान करने के लिए एक स्वतंत्र पूर्णकालिक अधिकारी को नियुक्त किया गया, जिसका काम उद्योगों का मार्गदर्शन करना था। उसी दौरान भारत सरकार के सचिव लॉर्ड मॉर्ले के निर्देश पर मद्रास सरकार ने अपने राज्य में उद्योग विभाग को खत्म करने का निर्णय लिया था। मद्रास सरकार में उद्योग विभाग के प्रभारी अल्फ्रेड चैटरन को मैसूर में उद्योग विभाग का प्रभार सँभालने के लिए आमंत्रित किया गया। इन्हें पहले स्पेशल ड्यूटी पर नियुक्त किया गया और इकोनोमिक कॉन्फ्रेंस की औद्योगिक कमेटी का सदस्य भी बनाया गया। अत्यंत योग्य एवं दक्ष होने के बावजूद उन्होंने चंदन तेल कारखाना, पंपिंग इंजन और ग्रामीण उद्योगों के लिए लघु विद्युत संयंत्र जैसे गिने-चुने उद्योगों

पर ही ध्यान केंद्रित किया। विश्वेश्वरैया की महत्त्वाकांक्षाएँ बड़ी थीं। वे बड़े लोहा और अन्य मैकेनिकल इंजीनियरिंग उद्योगों की स्थापना करवाना चाहते थे। चैटरन को ऐसी बड़ी योजनाओं को लागू करने में कोई दिलचस्पी नहीं थी।

इकोनोमिक कॉन्फ्रेंस की तरफ से व्यापार, परिवहन और यातायात जैसे विषयों पर भी विचार किया जाता था और विकास योजनाओं के संबंध में परामर्श देना पड़ता था। यातायात के साधन के रूप में रेलवे की अहमियत बढ़ती जा रही थी। रेलमार्ग के जरिए बंदरगाहों तक आवागमन को सुगम बनाया जा सकता था। उस समय मैसूर में मद्रास एंड साउथर्न महारत्ता रेलवे कंपनी रेलवे का परिचालन कर रही थी। एक तरफ रेलमार्ग का विस्तार करना था, दूसरी तरफ कंपनो के हाथ से प्रबंधन लेकर सरकार के हवाले करना था। इस बात को लेकर विचार-विमर्श शुरू किया गया और रेलमार्ग के विस्तार की योजना भी बनाई गई। इसके पीछे उद्देश्य यही था कि आम जनता के लिए आवागमन के साधन को सुलभ बनाया जाए और इसके साथ ही विकास की गतिविधियों को भी तेज किया जाए।

रेलवे की वर्तमान स्थिति, विस्तार कार्य की रूपरेखा, ताकि पूरब और पश्चिम के साथ समुद्र तटों तक आवागमन की सुविधा संभव हो—इन पहलुओं को लेकर एक ज्ञापन तैयार किया गया। बंगलौर-हरिहर, बंगलौर-गुंटकल और बंगलौर-मद्रास रेलमार्ग पर रेलगाड़ी परिचालित करनेवाली विदेशी निजी कंपनी के हाथ से रेलवे का परिचालन सरकार के हाथ में देने की चुनौती थी। विश्वेश्वरैया चाहते थे कि राज्य के भीतर रेलवे का परिचालन सरकार के द्वारा ही हो। उनके इस प्रस्ताव को स्वाभाविक रूप से विदेशी कंपनी ने विरोध किया। भारत सरकार में शामिल विदेशी शक्तियों का भी यह प्रस्ताव अपने हितों के प्रतिकूल नजर आया। रेलवे पर नियंत्रण अंग्रेजों की सत्ता का प्रतीक था और राज्य सरकार को इसका नियंत्रण सौंपने का सवाल ही पैदा नहीं होता था। विदेशी प्राइवेट कंपनी को अच्छा-खासा मुनाफा हो रहा था। कंपनी रेलवे का परिचालन या प्रबंधन किसी दूसरे के हवाले करने के लिए बिलकुल तैयार नहीं था। विश्वेश्वरैया ने दिल्ली और लंदन में आला अधिकारियों से इस मसले पर बातचीत की और जल्द ही रेलवे के परिचालन का दायित्व राज्य सरकार के हाथ मे आ गया।

प्रशासनिक नियुक्तियों के मामले में भी विश्वेश्वरैया का अंदाज अनोखा था। अब तक मैसूर राज्य में परंपरागत रूप से पारिवारिक संबंध, राज्य की सेवा करने वाले व्यक्ति से किसी की नजदीकी आदि के आधार पर नियुक्तियाँ होती रही थीं। जब विश्वेश्वरैया ने अपना कार्यभार सँभाला तो उनके पास ऐसे लोगों की

एक सूची भेजी गई जिन्हें नियुक्त करना था। प्रत्येक व्यक्ति की योग्यता के साथ पारिवारिक संबंध या सिफारिशों का भी उल्लेख किया गया था। विश्वेश्वरैया ने तुरंत सूची लौटाते हुए ऐलान कर दिया था कि उनके कार्यकाल में केवल योग्यता के आधार पर ही किसी व्यक्ति को नौकरी या पदोन्नति मिल सकती है। उन्होंने नौकरी के आवेदन के लिए केवल शैक्षणिक योग्यता, तकनीकी ज्ञान और कार्य के अनुभव का उल्लेख करना ही जरूरी बताया। उस जमाने में उनके इस कदम से स्वाभाविक रूप से तीखी प्रतिक्रिया हुई। ऐसी नियुक्तियों से जुड़े अपने सिद्धांतों और नीतियों के प्रति गहरे समर्पण की भावना के चलते ही वर्षों बाद उन्हें मैसूर सरकार से रिश्ता तोड़ने के लिए मजबूर होना पड़ा।

समाज में हमेशा से चलन रहा है कि जब भी किसी परिवार या समुदाय से कोई व्यक्ति किसी ऊँचे और प्रभावशाली पद पर पहुँच जाता है तो सभी उससे मदद और संरक्षण प्राप्त करने की उम्मीद पालने लगते हैं। जब कोई ओहदेदार व्यक्ति अपने प्रभाव का दुरुपयोग करने से इनकार कर देता है तो उसे लोग कोसना शुरू कर देते हैं। विश्वेश्वरैया ने कभी भी किसी को अपने पद का नाजायज फायदा उठाने नहीं दिया। उन्होंने अपने तमाम रिश्तेदारों और मित्रों को स्पष्ट रूप से बता दिया था कि वे लोग उनसे सरकारी सेवा में किसी तरह की मदद या नौकरी या पदोन्नति का लाभ पाने की उम्मीद नहीं रखें, न ही उनसे सार्वजनिक कर्तव्यपालन के दौरान किसी तरह की रियायत हासिल करने की अपेक्षा रखें। उनके इस रवैये से उनके कई रिश्तेदार और मित्र नाराज भी हुए, मगर समूचे देश की जनता की नजरों में उनका सम्मान और भी अधिक बढ़ गया।

निजी तौर पर विश्वेश्वरैया चुस्त-दुरुस्त, ऊर्जावान और उत्साह से भरपूर रहते थे और वे अपने साथ कार्य करनेवाले व्यक्तियों से भी उसी तरह अनुशासन, चुस्ती और उत्साह की अपेक्षा रखते थे। अपने व्यक्तित्व की इस विशिष्टता को उन्होंने सदैव बनाए रखा। जो लोग उन्हें बड़ी परियोजनाएँ और बड़े कार्यों की जवाबदेही सौंपते थे, वे उन पर आँखें मूँदकर विश्वास कर सकते थे कि दायित्व का पालन करते समय वे निजी हितों की तरफ बिलकुल ध्यान देनेवाले नहीं थे और न ही अपने फायदे के लिए कोई गलत कदम उठानेवाले थे। यह उनके चरित्र की खूबी थी, जो उनके व्यक्तित्व की पहचान बन गई थी। वे जब किसी कार्य को पूरा करने का संकल्प ले लेते थे तो जी-जान से उसे पूरा करने में जुट जाते थे और राह में आनेवाली हर तरह की बाधाओं का सामना सूझ-बूझ और साहस के साथ करते थे।

विश्वेश्वरैया वेशभूषा, समय की पाबंदी और सरकारी सेवकों के व्यवहार का विशेष ध्यान रखते थे। उनके कपड़ों की उच्च गुणवत्ता होती थी और जूते भी अत्यंत कीमती होते थे। यूरोपीय शैली की वेशभूषा उन्हें पसंद थी और वे दूसरे अधिकारियों को भी आधुनिक तथा चुस्त-दुरुस्त पोशाक में देखना चाहते थे। अपने कार्यालय और घर में विश्वेश्वरैया प्रत्येक कार्य समय की पाबंदी के साथ निबटाना पसंद करते थे। उनका निर्देश था कि पोशाक की स्वच्छता और कार्य की स्वच्छता का समान रूप से ध्यान रखा जाना चाहिए। पत्रों का जवाब देने में विलंब नहीं होना चाहिए और न ही किसी नीति या निर्देश को लागू करने में लापरवाही होनी चाहिए। वे निश्चित समय पर कार्यालय पहुँच जाते थे, इसीलिए उनके मातहतों को भी समय की पाबंदी का खयाल रखना पड़ता था। कार्यालय की कार्य संस्कृति में विश्वेश्वरैया ने इस तरह आमूल-चूल परिवर्तन ला दिया था।

□

दीवान के पद पर

अपने संक्षिप्त कार्यकाल को पूरा करने के बाद जब टी. आनंद राव वर्ष 1912 में मैसूर के दीवान के पद से सेवानिवृत्त हुए तो प्रशासनिक हलके के लोगों ने अनुमान लगाया कि दीवान के पद पर किसी वरिष्ठ सरकारी अधिकारी को नियुक्त किया जाएगा, लेकिन महाराजा ने सरकारी हलके के कई लोगों को सकते में डालते हुए विश्वेश्वरैया को दीवान के पद पर नियुक्त कर दिया। विश्वेश्वरैया इस निर्णय से चकित रह गए, वहीं इस पद के दावेदारों के मन में ईर्ष्या और असंतोष की भावना पैदा हो गई। विश्वेश्वरैया के आलोचकों का मानना था कि भले ही वे अत्यंत दक्ष और तकनीकी अनुभव रखनेवाले व्यक्ति थे और कई तरह की उपलब्धियाँ अपने कार्यकाल में हासिल कर चुके थे, मगर एक इंजीनियर को दीवान जैसे महत्त्वपूर्ण पद पर बिठाना उचित नहीं था।

मैसूर सिविल सर्विस के कुछ परामर्शदाताओं और सदस्यों का मानना था कि योग्यता और चरित्र के मामले में वे विश्वेश्वरैया से उन्नीस नहीं थे। ऐसे सदस्यों में कई तो विश्वेश्वरैया की तुलना में अधिक उम्र के थे। विश्वेश्वरैया स्वयं भी इतने बड़े सम्मानजनक पद को स्वीकार करते हुए हिचकिचा रहे थे। उन्होंने कहा कि अगर उन्हें विकास का प्रभारी बना दिया जाता तो भी वे संतुष्ट हो सकते थे। उन्हें तकनीकी शिक्षा और उद्योगों से संबंधित योजनाओं को क्रियान्वित करने की आजादी और अवसर की जरूरत थी। इतनी सुविधा मिल जाने पर भी वे संतुष्ट हो सकते थे, मगर महाराजा अपने निर्णय पर अटल थे और चाहते थे कि नवंबर, 1912 में विश्वेश्वरैया दीवान का पद सँभाल लें।

उन्होंने अपने गृह राज्य का दीवान बनने के बारे में सपने में भी नहीं सोचा था। उन्होंने सोचा नहीं था कि महाराजा उनके ऊपर इतना अधिक भरोसा करेंगे

और उन्हें ऊँचा, शक्तिशाली और सम्मानजनक पद दिया जाएगा। वर्ष 1902 में ही उन्होंने भारत की प्रगति के बारे में एक रूपरेखा तैयार की थी और फिर वर्ष 1910 में मैसूर की क्रांति के बारे में एक रूपरेखा तैयार की थी। इस तरह जनकल्याण के कार्य को वे दिल से पसंद करते थे, लोगों को उनके सक्षम नेतृत्व की जरूरत थी और वे राज्य को विकास के पथ पर तेजी से आगे ले जा सकते थे। लोगों के जीवन स्तर में व्यापक सुधार करने की आवश्यकता थी। उन्होंने दीवान के पद पर साढ़े छह वर्ष तक कार्य किया और जनसेवा के लिए अपनी ऊर्जा और प्रतिभा का निष्ठापूर्वक इस्तेमाल किया।

उनके पूर्ववर्ती दीवान सी. रंगाचारलु, के. शेषाद्रि अय्यर और वी.पी. माधवराव योग्य, देशभक्त और साहसी व्यक्ति थे, जिन्होंने मैसूर राज्य की जनता के जीवन स्तर में सुधार लाने के लिए महत्त्वपूर्ण योगदान किया। वर्ष 1831 से अंग्रेज सरकार मैसूर में शासन चला रही थी। पचास साल गुजर जाने के बाद 1881 में अंग्रेजों ने मैसूर के शासन की बागडोर युवा चामराजा वोडेयार को सौंप दी। उस समय सी. रंगाचारलु को दीवान नियुक्त किया गया था। उनकी देशभक्ति, निष्ठा और विलक्षण प्रतिभा की वजह से राज्य में कई तरह के सुधार सामने आए। उन्होंने 1876-1878 के अकाल की त्रासदी से होनेवाले नुकसान की भरपाई के लिए ठोस कदम उठाया। पचास साल तक अंग्रेजों के शासन के चलते होनेवाले नुकसानों की भरपाई के लिए भी उन्होंने जरूरी उपाय किए। इतना ही नहीं, आधुनिक भारत के इतिहास में उन्होंने पहली बार एक लोकतांत्रिक संस्था की शुरुआत की और मैसूर की जनता को असेंबली के लिए प्रतिनिधि चुनकर भेजने का अधिकार दिया। वे चाहते थे कि जनता शिक्षित हो जाए और राज्य से जुड़े मामलों में रुचि ले, प्रशासन की भलाई के लिए रचनात्मक सुझाव दे और जिम्मेदारी के साथ सरकार की त्रुटियों की आलोचना करे। सी. रंगाचारलु ने मैसूर के प्राकृतिक संसाधनों के बारे में ब्योरे भी जुटाए थे। वे उन संसाधनों का सदुपयोग राज्य की प्रगति सुनिश्चित करने के लिए करना चाहते थे।

बाद में, महारानी के शासनकाल और कृष्णराजा वोडेयार चतुर्थ के आरंभिक शासनकाल में के. शेषाद्रि अय्यर के प्रयास से शिवसमुद्रम में कावेरी पनबिजली परियोजना शुरू की गई। मरीकानिव में एक जलाशय का निर्माण किया गया और कावेरी, कपिनी तथा हेमवती घाटियों में सिंचाई के लिए नहरें बनाई गईं। मैसूर और बंगलौर शहर में विकास कार्य किए गए और उनका विस्तार किया गया। 1881 में रेलमार्ग की लंबाई 80 कि.मी. थी जिसे 1910-11 तक बढ़ाकर 661

कि.मी. किया गया और नई सड़कों का जाल बिछाया गया।

वी.पी. माधवराव ने दीवान के रूप में कार्य करते हुए 1907 में रिप्रेजेंटेटिव असेंबली के साथ एक लेजिस्लेटिव काउंसिल को भी जोड़ दिया। काउंसिल में जनता की तरफ से चुने गए और मनोनीत सदस्यों को शामिल किया गया। इन सदस्यों को सरकार और प्रशासन की नीतियों के बारे में अपनी राय देने की छूट मिली हुई थी। उन्होंने ही लोकसेवकों का चुनाव प्रतियोगिता के माध्यम से करवाने का फैसला किया था।

1912 तक मैसूर राज्य में कई छोटे-बड़े उद्योगों की स्थापना हो चुकी थी। बड़े उद्योगों में कोलार की स्वर्ण खदान, शियोगा की मैंगनीज खदान और बंगलौर की कुछ कपड़ा मिलें शामिल थीं, लेकिन इस विकास का श्रेय लोगों के उद्यम या सरकार की किसी जनहितकारी नीति को नहीं दिया जा सकता था। रेलवे और उद्योगों के मालिक अंग्रेज थे, जो अपने फायदे के लिए राज्य के संसाधनों का दोहन कर रहे थे। तकनीकी दक्षता, अनुभव या प्रोत्साहन नहीं होने के कारण उन प्रतिष्ठानों में स्थानीय लोगों को ऊँचे पदों पर कार्य करने का अवसर नहीं दिया जा रहा था।

जब विश्वेश्वरैया दीवान बनकर आए, तब इन क्षेत्रों में एक किस्म की जड़ता फैली हुई थी। जब उन्होंने परिस्थिति का अच्छी तरह जायजा लिया तो वे इस नतीजे पर पहुँचे कि कई तरह की कमजोरियों से उबरने की जरूरत थी, नई योजनाएँ बनाने और नए तरीके आजमाने की जरूरत थी और लोगों को नए हालात के अनुरूप तैयार करने की जरूरत थी। वे राज्य में कई तरह का परिवर्तन लाना चाहते थे और एक आधुनिक राज्य का निर्माण करना चाहते थे। गाँवों में रहनेवाली जनता यातायात की सुविधा से वंचित थी। लोगों को शिक्षा, स्वास्थ्य और स्वच्छता की सुविधाओं से वंचित होकर जीवनयापन करना पड़ रहा था। शासन पूरी तरह खेती पर निर्भर था, मगर पैदावार अधिक नहीं हो पा रही थी। बैंकिंग और वित्तीय सुविधाएँ लगभग न के बराबर थीं। जनता में उद्यम, महत्त्वाकांक्षा और संगठित होने की शक्ति की कमी नजर आ रही थी।

जो जनता का नेतृत्व कर रहे थे, वे योजना बनाने में सक्षम नहीं थे। उन्हें पता ही नहीं था कि राज्य की प्रगति के लिए वे किस तरह से सकारात्मक योगदान कर सकते थे। राज्य को राजस्व के रूप में 2.5 करोड़ रुपए प्राप्त हो रहे थे, जबकि शिक्षा की मद में सालाना 20 लाख रुपए से भी कम खर्च किए जा रहे थे। आबादी को देखते हुए यह प्रावधान कम था।

विश्वेश्वरैया का लक्ष्य था, 'जनता को ठीक से कार्य करने, ठीक से उपार्जन करने और ठीक से जीने के काबिल बनाना।' यह चुनौतिपूर्ण कार्य था। विश्वेश्वरैया ने इस लक्ष्य को पूरा करने के लिए अपनी पूरी ताकत लगा दी और जी-जान से बदलाव की प्रक्रिया को साकार करने में जुट गए। उनकी कोई निजी महत्त्वाकांक्षा नहीं थी। वे निःस्वार्थ भाव से लोकहितकारी कार्यों में जुटे हुए थे। उन्हें अपने लिए या अपने परिवार के लिए दौलत जुटाने की कोई आवश्यकता नहीं थी। जनता का हित ही उनका अपना हित भी था। एक नई शुरुआत हो रही थी। उनके कार्यकाल में मैसूर में नए जीवन का संचार हुआ और परिवर्तन की रफ्तार तेज हो गई।

दीवान के पद पर कार्य करते हुए विश्वेश्वरैया ने मैसूर राज्य और उसके महाराजा के महत्त्व को ब्रिटिश प्रशासन की नजरों में बढ़ाने की तरफ विशेष रूप से ध्यान दिया था। वर्ष 1881 में जब राजपरिवार को मैसूर को शासन सौंपा गया था, तब सत्ता के हस्तांतरण को लेकर एक समझौता हुआ था। वही समझौता अंग्रेजों और राजशाही के संबंधों की दिशा तय करता था। उस समझौते की कई बातें आपत्तिजनक थीं और महाराजा ने ब्रिटिश प्रशासन से अनुरोध किया था कि उनकी मर्यादा, मैसूर के इतिहास और अधिकार के संबंध में जो बातें अनुचित थीं, उनमें तत्काल संशोधन करने की जरूरत थी। एक सहानुभूतिपूर्ण वायसराय लॉर्ड हार्डिंग और रेजिडेंट सर हग डाली की सहायता से महाराजा और विश्वेश्वरैया आखिकार पुराने समझौते में संशोधन करवाने में सफल हुए थे। इस तरह महाराजा की राजनीतिक हैसियत बढ़ गई थी और उन्हें सही अर्थों में आंतरिक मामलों में स्वतंत्रता हासिल हो गई थी। नई संधि के तहत महाराजा को राज्य में आंतरिक प्रशासन के लिए संपूर्ण अधिकार प्राप्त हो गया था। केवल नाम के लिए राज्य ब्रिटिश शासन के अधीन रह गया था। अब महाराजा की शक्ति और प्रतिष्ठा में वृद्धि हुई थी। इस तरह महाराजा परस्पर सहमति से तैयार की गई संधि के आधार पर राज्य का शासन चलाने लगे। संधि के जरिए उन्हें अधिक स्वायत्तता और अधिकार मिल गए थे। यह बहुत बड़ी उपलब्धि थी और इसी की वजह से महाराजा राज्य में विकास संबंधी परियोजनाओं को लागू करवा पाने में सक्षम हो पाए।

विश्वेश्वरैया ने राज्य के प्रशासन में बदलाव लाने के लिए दक्षता का लेखा-जोखा शुरू किया। उनका उद्देश्य था सरकारी विभागों और सरकारी कर्मचारियों के बीच अनुशासन और दक्षता को बहाल रखने के लए अनवरत आवश्यक कदम

उठाना। अक्तूबर, 1913 में रिप्रेजेंटेटिव असेंबली को संबोधित करते हुए विश्वेश्वरैया ने इस तरह के लेखा-जोखा को तर्कसंगत ठहराते हुए कहा—

> ''हमारे देश में सरकार विभागों की प्रणाली यूरोपियन कार्यशैली के आधार पर काम कर रही है, जबकि इन विभागों में काम करनेवाले कर्मचारियों ने पूरी तरह यूरोपीय व्यवहार नहीं सीखा है। इसीलिए आर्थिक लेखा-जोखा के समान ही दक्षता का लेखा-जोखा करना आवश्यक है।''

विश्वेश्वरैया के मार्गदर्शन में इकोनोमिक कॉन्फ्रेंस ने कई कमेटियों का गठन करते हुए मैसूर विश्वविद्यालय की स्थापना करने के लिए योजना तैयार की। उनके प्रयासों से एक इंजीनियरिंग कॉलेज, एक वोमेंस कॉलेज और छात्राओं के लिए एक होस्टल का निर्माण किया गया। विश्वेश्वरैया ने अपने मित्र सर विठ्ठलदास दामोदर ठाकरसे की सहायता से बैंक ऑफ मैसूर की स्थापना करवाई। इस बैंक की स्थापना से जहाँ वित्तीय गतिविधियों को जारी रखने में आसानी हो गई, वहीं उद्योग-धंधों के लिए अल्पकालीन एवं दीर्घकालीन पूँजी मुहैया करवा पाना संभव हो गया। एक अत्यंत सुयोग्य व्यक्ति डब्ल्यू.सी. रोज को बैंक के प्रबंधन की जिम्मेदारी सौंपी गई। सरकारी या व्यक्तिगत प्रयासों से शुरू किया गया यह मैसूर का पहला आधुनिक बैंकिंग प्रतिष्ठान था। मैसूर चैंबर्स ऑफ कॉमर्स की स्थापना की गई और राज्य के स्थानीय उद्यमियों को प्रोत्साहित कर मँझोले आकार के उद्योगों की स्थापना की गई।

उस समय जो उद्योग स्थापित किए गए, उनमें मैसूर के पास स्थापित कृष्णराजेंद्र टेक्सटाइल मिल और चंदन तेल कारखाने का उल्लेख विशेष रूप से किया जा सकता है। कृष्णराजेंद्र मिल तक व्यक्तिगत खंड की ज्वाइंट स्टॉक कंपनी थी जिसे सरकार की तरफ से प्रोत्साहित किया जा रहा था। राज्य ने ऐसी प्राइवेट कंपनियों को प्रायोजित करने और तकनीकी, प्रबंधन संबंधी सहायता उपलब्ध कराने और वित्तीय मदद के जरिए उनकी प्रगति सुनिश्चित करने की नीति अपनायी थी। कई बार सरकार स्वयं ही किसी उद्योग की स्थापना करती और एक निश्चित समय तक उसका संचालन करने के बाद उसे प्राइवेट खंड के उद्यमियों को सौंप देती। जब तकनीकी विशेषज्ञ अपने देश में नहीं मिलते तो उन्हें विदेश से बुलाया जाता था। मशीनों और उपकरणों के विदेशी प्रभारियों से अनुरोध किया जाता था कि वे सेवानिवृत्ति लेने से पहले प्रतिष्ठान के योग्य कर्मचारियों को अच्छी तरह प्रशिक्षित

कर दें। जो प्रतिभाशाली युवा औद्योगिक एवं आर्थिक विकास में दिलचस्पी रखते थे, उन्हें विदेश जाकर प्रशिक्षण और अनुभव प्राप्त करने के लिए प्रोत्साहित किया जाता था।

विश्वेश्वरैया के प्रयासों से भद्रावती में आयरन एंड स्टील वर्क्स की स्थापना हुई थी, जो खनन और उत्पादन का महत्त्वपूर्ण उद्योग था। इस परियोजना के निर्माण और संचालन में कई तरह की बाधाएँ सामने आई थीं, मगर जब उत्पादन शुरू हो गया तो यह औद्योगिक उपलब्धि का अनूठा उदाहरण बन गया। बाबाबुडान पहाड़ियों के कम्मानुगुंडी इलाके से लौह अयस्क को रोपवे के जरिए भद्रावती के कारखाने तक पहुँचाया जाता था, जहाँ इस्पात का निर्माण किया जाता था। विशेष गुणवत्ता वाले इस्पात से अधिक उपार्जन कर पाना संभव था और इसके जरिए प्रतिष्ठा भी प्राप्त हो रही थी। भद्रा नदी से पानी की आपूर्ति भद्रावती कारखाने में की जाती थी और आसपास के जंगल से ईंधन का प्रबंध भी हो जाता था। बाद में इसी इलाके में सीमेंट और कागज के कारखाने भी स्थापित किए गए। उद्योगों को स्थापित करने और इन्हें सफलतापूर्वक संचालित करने के संबंध में विश्वेश्वरैया कारगर योजना तैयार करते थे। आयरन एंड स्टील वर्क्स की योजना बनाते समय अन्होंने ऊँचे लक्ष्य सामने रखे थे। हालाँकि इसके निर्माण से पहले ही उन्होंने अपना पद छोड़ दिया था। युद्ध के बाद के वर्षों में कीमतों में काफी गिरावट आ गई और भद्रावती के इस कारखाने की बिक्री भी प्रभावित होने लगी। जो लोग बड़े उद्योगों को नापसंद करते थे और विश्वेश्वरैया के प्रति मन में ईर्ष्या की भावना रखते थे, उनकी आलोचना की वजह से कारखाने की प्रगति कुछ दिनों तक प्रभावित हुई मगर बाद में कारखाने में उत्पादन रफ्तार पकड़ने लगी।

विश्वेश्वरैया जब दीवान के पद पर थे, तब बीरुट–शिमोगा रेलमार्ग का निर्माण कार्य पूरा हुआ, नंजनगुड–चामराजनगर रेलमार्ग का निर्माण कार्य शुरू किया गया, मैसूर और अरसी केरे के बीच लूप लाइन का निर्माण किया गया। इस तरह मैसूर और हरिहर के बीच 138 कि.मी. की दूरी कम हो गई। बंबई प्रेसीडेंसी का सबसे करीबी स्टेशन हरिहर था। चिक्कबल्लापुर के रास्ते बंगलौर और कोलार के बीच रेलमार्ग का निर्माण किया गया। इस तरह राज्य के दूरदराज के अंचल के साथ प्रमुख शहर बंगलौर को जोड़ा गया। बंगलौर और इरोड के बीच रेलमार्ग बनाने के प्रस्ताव पर विचार किया गया। इस रेलमार्ग के निर्माण से उत्तरी और दक्षिणी भारत के बीच आवागमन को सहज और सस्ता बनाया जा सकता था। एमएसएम और एसआईआर कंपनियाँ इस रेलमार्ग के प्रस्ताव का विरोध कर रही

थीं। साथ ही केंद्र सरकार भी इस प्रस्ताव को मंजूरी नहीं दे रही थी। इस प्रस्ताव को क्रियान्वित होने में आधी सदी का वक्त लग गया।

लंबे समय से व्यापक औद्योगिक विकास और व्यापार को बढ़ावा देने के लिए मैसूर में एक बंदरगाह की जरूरत महसूस की जा रही थी। मैसूर का नजदीकी बंदरगाह पूरब में मद्रास और पश्चिम में बंबई था। पुर्तगालियों के नियंत्रण में होने के कारण गोवा के बंदरगाह का लाभ नहीं उठाया जा सकता था। अपना बंदरगाह नहीं होने के कारण परिवहन पर काफी खर्च उठाना पड़ता था और समय भी काफी लग जाता था। मैसूर के उद्योग-धंधों को दो ब्रिटिश प्रेसीडेंसियों की सुविधाओं पर निर्भर रहना पड़ता था। यह स्थिति विकास की दृष्टि से प्रतिकूल थी। विश्वेश्वरैया का मानना था कि मंगलौर की जगह भटकाल को बंदरगाह के रूप में विकसित करना इंजीनियरिंग के नजरिए से उचित नहीं था। उनके सुझाव पर मंगलौर में बंदरगाह बनाने का फैसला किया गया।

काफी समय से मैसूर में शैक्षणिक गतिविधियाँ मद्रास विश्वविद्यालय के ऊपर निर्भर करती आ रही थीं। दीवान और उच्च पदों पर कार्य करने वाले ज्यादातर लोकसेवक पड़ोस की मद्रास प्रेसीडेंसी से आते थे। राज्य में सिर्फ दो कॉलेज थे—बंगलौर का सेंट्रल कॉलेज और मैसूर का महाराजा कॉलेज। दोनों ही कॉलेज मद्रास विश्वविद्यालय से संबद्ध थे। केवल अमीर परिवारों के छात्र ही उच्च शिक्षा प्राप्त करने की हैसियत रखते थे। स्नातकोत्तर की शिक्षा प्राप्त करने के लिए मद्रास जाकर होस्टल में रहते हुए पढ़ाई करनी पड़ती थी और गरीब परिवार के छात्रों के लिए इस तरह का खर्च उठा पाना संभव नहीं होता था। पूना और मद्रास के इंजीनियरिंग कॉलेजों में मद्रास के छात्रों के लिए केवल पाँच सीटें ही उपलब्ध रहती थीं।

विश्वेश्वरैया ने बड़े पैमाने पर अधिक सघन शैक्षणिक सुधार का अभियान शुरू किया था। वह शिक्षा के क्षेत्र में मैसूर को आत्मनिर्भर और सक्षम बनाना चाहते थे। मैसूर में विश्वविद्यालय की स्थापना करने के लिए महाराजा को उन्होंने राजी कर लिया, लेकिन कुछ लोगों ने इस प्रस्ताव का तीव्र विरोध करना शुरू कर दिया। राज्य के दो शिक्षा अधिकारियों को लेकर एक कमेटी बनाई गई और उन्हें विदेश भेज दिया गया, जहाँ वे विश्वविद्यालयों की कार्यशैली और संरचना का अध्ययन कर सरकार को अपनी रिपोर्ट देनेवाले थे। अमेरिका, यूरोप, जापान और आस्ट्रेलिया की यात्रा से लौटकर कमेटी ने अपनी उपयोगी रिपोर्ट प्रस्तुत कर दी। सरकारी अधिकारियों की एक कमेटी ने काफी विचार-विमर्श करने के बाद

विश्वविद्यालय की स्थापना करने के लिए प्रारूप प्रस्ताव तैयार कर लिया। जुलाई, 1915 में भारत सरकार को एक ज्ञापन के साथ विश्वविद्यालय की स्थापना के संबंध में प्रस्ताव सौंप दिया गया।

शुरू-शुरू में मद्रास विश्वविद्यालय मैसूर के कॉलेजों को खुद से जुदा करने के लिए तैयार नहीं हुआ। मतभेदों को दूर करने के लिए जून, 1916 में उटकमांड में एक बैठक आयोजित हुई, जिसमें विश्वेश्वरैया के अलावा मद्रास विश्वविद्यालय सिंडीकेट के सदस्य और मैसूर के ब्रिटिश रेजीडेंट शामिल हुए। उस बैठक को याद करते हुए विश्वेश्वरैया ने लिखा है—

> "जब हमने तर्क दिया कि एक माँ को अपनी बालिग हो चुकी बेटी के द्वारा अलग गृहस्थी बसाने के फैसले का स्वागत करना चाहिए तो उन्होंने जवाब दिया कि वे भागी हुई बेटी को घर बसाते हुए देखकर खुश होनेवाले नहीं थे।"

बैठक में किसी तरह की सहमति नहीं हो सकी, लेकिन विश्वेश्वरैया ने योजना के समर्थन में ठोस दलीलें पेश की थीं और अंततः भारत सरकार ने योजना को अपनी मंजूरी दे दी। 1 जुलाई, 1916 को मैसूर विश्वविद्यालय की स्थापना हो गई। किसी भी भारतीय राज्य का यह प्रथम विश्वविद्यालय था।

विश्वविद्यालय की स्थापना के साथ ही इसमें आवासीय प्रणाली के तहत शिक्षा प्रदान करने का परामर्श दिया गया था। इसे महज परीक्षा उत्तीर्ण करानेवाली संस्था बनाने की जगह ज्ञान का मंदिर बनाने पर बल दिया गया था। केवल स्नातकोत्तर की शिक्षा प्रदान करना ही इसका उद्देश्य नहीं था, बल्कि विद्यार्थियों का सर्वांगीण विकास करना भी इसका दायित्व था। इसका निर्माण कंटराजा उर्से मेंशन की भूमि पर किया जाना था तो कुक्कुनहल्ली तालाब के पीछे स्थित था। कुछ कारणों से यह भूमि खाली नहीं हो पाई और लगभग चालीस सालों के बाद इस भूमि पर मानस गंगोत्री नामक परिसर का निर्माण हो पाया, जहाँ मैसूर विश्वविद्यालय का निर्माण शहर के केंद्रीय हिस्से में होना चाहिए, ताकि विद्यार्थियों को आवागमन में असुविधा का सामना नहीं करना पड़े। शुरू में महाराजा कॉलेज के पास एक भवन में विश्वविद्यालय का कार्य आरंभ किया गया।

आवासीय विश्वविद्यालय बनाने की योजना का सपना साकार नहीं हो गया। उस समय मैसूर के महाराजा कॉलेज में कला शाखा की पढ़ाइ हो रही थी और बंगलौर के सेंट्रल कॉलेज में विज्ञान शाखा की पढ़ाई हो रही थी। दोनों ही कॉलेजों

में गुणवत्ता का ध्यान रखा जाता था और इसके लिए पर्याप्त सुविधाएँ मुहैया करवाई गई थीं। बंगलौर में इंडियन इंस्टीट्यूट ऑफ साइंस होने की वजह से विज्ञान के विद्यार्थियों को अध्ययन और शोध की विशेष सुविधा मिल रही थी। इन दोनों कॉलेजों से एम.ए. और एम.एस.सी. की डिग्री को प्राप्त करना प्रतिष्ठा का प्रतीक बन गया था। भारत के चुने गए विद्वान इन दोनों कॉलेजों में अध्यापन करते थे, जो मेधावी विद्यार्थियों को सँवारने का काम कर रहे थे।

मैसूर में कला शाखा के साथ-साथ वाणिज्य शाखा की भी पढ़ाई होने लगी थी। राज्य के कई जिलों में वाणिज्यिक हाईस्कूलों की स्थापना की गई थी। विश्वविद्यालय का पाठ्यक्रम तैयार करने के लिए देश-विदेश के विशेषज्ञों को आमंत्रित किया गया था और कई प्रतिभाशाली युवाओं को छात्रवृत्ति प्रदान कर उच्च शिक्षा प्राप्त करने के लिए विदेश भेजा गया था। जब वे उच्च शिक्षा प्राप्त कर स्वदेश लौटते थे तो उन्हें कॉलेजों में पढ़ाने का दायित्व दिया जाता या प्रशासन अथवा औद्योगिक प्रतिष्ठानों में नियुक्त किया जाता। विश्वेश्वरैया शिक्षा का ऐसा ही विस्तार देखना चाहते थे और धीरे-धीरे उनका सपना साकार होता जा रहा था। जीवन के आरंभिक पचास वर्षों में उन्होंने जो सपने देखे थे, अब वही सपने फलीभूत होते हुए नजर आ रहे थे।

विश्वेश्वरैया की अद्‌भुत ऊर्जा, दूरदर्शिता, देशभक्ति और लोकसेवा को देखते हुए महाराजा और मैसूर के नागरिक उनके प्रति कृतज्ञ थे। 19 अक्टूबर, 1918 को मैसूर विश्वविद्यालय के पहले दीक्षांत समारोह को संबोधित करते हुए महाराजा ने कहा—

> "मैं इस अवसर पर इस बात की जरूरत महसूस कर रहा हूँ कि अपने राज्य के दीवान सर एम. विश्वेश्वरैया के प्रति अपनी तरफ से और अपने राज्य की जनता की तरफ से आभार प्रकट करूँ। सिर्फ उनकी देशभक्ति, लगन और अद्‌भुत प्रतिभा के कारण ही विश्वविद्यालय का सपना साकार हो पाया। पहले इसके बारे में सोचना महज कल्पना की बात लगती थी, मगर उन्होंने इसे हकीकत के धरातल पर उतारकर दिखा दिया। उनके प्रति विश्वविद्यालय हमेशा कृतज्ञ बना रहेगा और इस विश्वविद्यालय के साथ उनका नाम हमेशा जुड़ा रहेगा।"

प्रतिभाशाली विद्यार्थियों के लिए छात्रवृत्ति शुरू करने के साथ-साथ विश्वेश्वरैया ने पिछड़े वर्ग के विद्यार्थियों के लिए भी छात्रवृत्ति देने की शुरुआत की। उस जमाने

में लोग इस तरह के क्रांतिकारी कदम की कल्पना भी नहीं कर सकते थे। उस जमाने में समाज के कमजोर तबके को वंचित वर्ग कहा जाता था, जिसे बाद में हरिजन और अनुसूचित जाति कहा जाने लगा। इस वर्ग के विद्यार्थियों को विश्वेश्वरैय विशेष रूप से प्रोत्साहित कर रहे थे। उनके प्रयत्नों का परिणाम निकलने में थोड़ा वक्त जरूरत लगा, मगर उसका सकारात्मक प्रभाव समाज पर पड़ा। महिलाओं को शिक्षित बनाने पर विश्वेश्वरैया विशेष रूप से जोर देते रहे थे और उनके प्रयत्नों से महिलाओं के बीच शिक्षा के प्रति जागरुकता बढ़ती गई।

राज्य के कई नगरों में हस्तकला का प्रशिक्षण देने के लिए कई स्कूल खोले गए और एक गृह उद्योग की स्थापना भी की गई। मैसूर में तकनीकी एवं औद्योगिक प्रशिक्षण संस्थान की स्थापना की गई, जहाँ उत्पादन की तकनीकों के साथ-साथ कला एवं हस्तकलाओं का भी प्रशिक्षण दिया जा रहा था। इसके साथ ही एक वाणिज्यिक विद्यालय भी शुरू किया गया। बंगलौर और मैसूर के साथ-साथ कई जिला मुख्यालयों में सार्वजनिक पुस्तकालयों की स्थापना की गई।

राज्य के विभिन्न हिस्सों में अस्पताल खोले गए। बंगलौर और मैसूर के अस्पतालों का इस तरह विस्तार किया गया, जिससे अधिक-से-अधिक लोग स्वास्थ्य सुविधाओं का लाभ उठा सकें।

मैसूर पुराने जमाने से समृद्ध रेशम उद्योग के लिए विख्यात रहा है। रेशम उद्योग को विज्ञानसम्मत ढंग से विकसित करने के उपाय किए गए। रेशम की गुणवत्ता में सुधार करने के लिए जापान और इटली से विशेषज्ञों को बुलाकर विचार-विमर्श किया गया और उत्पादन में वृद्धि करने का फैसला किया गया। विदेशों से बीज मँगवाए गए। स्थानीय नस्लों में सुधार करने में जब भारतीय विशेषज्ञों को कठिनाई हो रही थी, तब रेशम उद्योग में सुधार करने के लिए जापानी विशेषज्ञों को बुलाया गया और उनकी राय ली गई। नवरत्न रामाराव और समसुद्दीन जैसे योग्य व्यक्तियों को रेशम उद्योग को सुधारने की जिम्मेदारी दी गई। बाद में राव ने 'फिल्टर प्रणाली' की शुरुआत करते हुए रेशम उद्योग में उल्लेखनीय बदलाव किए।

भेड़ पालन को बढ़ावा दिया गया और इस पर आधारित उद्योग पर विशेष ध्यान दिया गया। विदेशों से भी भेड़ मँगवाए गए और स्थानीय प्रजाति में सुधार किया गया। मुर्गीपालन, डेयरी और खिलौना निर्माण उद्योगों को बढ़ावा देने के लिए विशेष कदम उठाए गए। राज्य में व्यावसायिक फसलों को बढ़ावा देने के लिए विशेष कदम उठाए गए। राज्य में व्यावसायिक फसलों को बढ़ावा देने के लिए एक विशेषज्ञ को नियुक्त

किया गया। कृषि विकास के विज्ञानसम्मत और सांगठनिक पहलुओं पर गौर करने के लिए लेसली कोलमेन को नियुक्त किया गया। बीजों की गुणवत्ता सुधारने, पैदावार बढ़ाने और कृषि विभाग की आधारभूत संरचना को तैयार करने में कोलमेन और यज्ञनारायण अय्यर ने उल्लेखनीय योगदान किया।

इंडियन इंस्टीट्यूट ऑफ साइंस तथा बंगलौर में स्थापित की गई कुछ विशेष प्रयोगशालाओं में रासायनिक अनुसंधान की शुरुआत की गई।

इस तरह के नवीन कार्यक्रमों को सरकार प्रत्यक्ष या परोक्ष रूप से लगातार सहायता कर रही थी। जो व्यक्ति या संस्थान इस तरह के कार्यक्रम में रुचि रखते थे, उन्हें सरकार की तरफ से प्रोत्साहित किया जाता था। कृषि एवं औद्योगिक उद्यमों के लिए 'टकावी ऋण' आवंटित किए जा रहे थे और विकास से जुड़े किसी भी आर्थिक अभियान को सरकारी सहयोग और प्रोत्साहन से वंचित नहीं होना पड़ता था।

इस दौरान जिस तरह के उद्योगों की स्थापना संभव हो पाई, उनमें साबुन और कागज उत्पादन उद्योग और धातु कारखाना प्रमुख थे। समय गुजरने के साथ-साथ साबुन और कागज उद्योग का विस्तार होता गया।

केंद्र और जिला स्तर पर औद्योगिक वर्कशॉप्स की स्थापना की गई और युवाओं के लिए प्रशिक्षण की व्यवस्था की गई। कर्मचारियों को तकनीकी दाता से लैस किया गया और प्रबंधन के लिए भी कर्मचारियों को प्रशिक्षित किया गया। सभी जिलों में औद्योगिक स्कूलों की स्थापना की गई और राज्य भर में औद्योगिक मशीनों के संबंध में युवाओं को प्रशिक्षित बनाने का सिलसिला शुरू हो गया।

विश्वेश्वरैया चाहते थे कि वर्तमान युग के विज्ञान की प्रगति और प्रौद्योगिकी का लाभ अधिक-से-अधिक लोगों को प्राप्त हो सके। उन्होंने कई विद्वानों को नियुक्त किया जो राज्य भर में घूमते हुए लोगों को विज्ञान और प्रौद्योगिकी के बारे में जागरूक बनाने का काम कर रहे थे। इस तरह के भाषण स्थानीय भाषा कन्नड़ में दिए जाते थे। लोग पूरी दुनिया में होनेवाली प्रगति से अब परिचित होने लगे थे और उनका नजरिया भी आधुनिक होता जा रहा था।

पहली बार विज्ञान विषय का कन्नड़ में अध्यापन शुरू हो गया था। सेंट्रल कॉलेज के भौतिक विभाग के बी. वेंकटनरनप्पा और बंगलौर के मौसम विभाग के प्रभारी एन. वेंकटेश अयंगर कन्नड़ माध्यम से विज्ञान पढ़ा रहे थे। विश्वेश्वरैया शिक्षा का प्रचार-प्रसार समाज के सभी वर्गों के लोगों तक करना चाहते थे और इसके लिए विदेशी माध्यम अंग्रेजी की तुलना में स्थानीय लोगों की भाषा कन्नड़

अधिक कारगर साबित हो सकती थी। वे कन्नड़ माध्यम से शिक्षा को प्रोत्साहित कर रहे थे।

अध्ययन और शोध, भाषा का प्रचार-प्रसार, कर्नाटक की साहित्य-संस्कृति और नवीन विषयों का प्रचार-प्रसार करने के लिए बंगलौर में 'कन्नड़ साहित्य परिषद्' नामक साहित्यिक संस्था की स्थापना की गई। कन्नड़ भाषा का तुलनात्मक अध्ययन करने के लिए राज्य के विद्वानों को एकजुट करने का प्रयास किया जा रहा था। जिन विद्वानों को इस महत्त्वपूर्ण उद्देश्य के साथ एक मंच पर लाया जा रहा था उनमें प्रमुख थे—प्रथम कुलपति एच.वी. नंजुनदय्या, पुरातत्त्व विभाग के निदेशक आर. नरसिम्हचर, शिक्षा विभाग के महानिरीक्षक एम. शमा राव, शिक्षा विभाग के अधिकारी सी. वासुदेवैय्या, अनुवाद विभाग के आर. रघुनाथ राव, जनसेवक एम. वेंकटकृष्णैया, धारवाड़ के अलुर वेंकट राव, दक्षिण कर्नाटक के पी. मंगेश राव आदि। ये सभी विद्वान् कन्नड़ भाषा-साहित्य की उन्नति के लिए कार्य कर रहे थे और उन्हें एक मंच प्रदान कर इनके कार्य को प्रोत्साहित किया जा रहा था।

जो कुछ भी नया कार्य हो रहा था, प्रत्येक कार्य के साथ विश्वेश्वरैया की तेजस्विता और मौलिक सोच जुड़ी हुई थी। ऐसे लोग जो पश्चिमी जीवन शैली के आलोचक थे और आधुनिकता को पसंद नहीं करते थे, वे भी विश्वेश्वरैया के उन कार्यों से अभिभूत थे जिनके जरिए वे जनता की सेवा कर रहे थे और एक धर्मनिरपेक्ष राज्य की बुनियाद को मजबूत कर रहे थे। महाराजा अपने दीवान के सभी कार्यक्रमों को सफल बनाने के लिए पूरा सहयोग कर रहे थे और आवश्यक संसाधन मुहैया करवा रहे थे। अक्तूबर, 1918 में मैसूर विश्वविद्यालय के दीक्षांत समारोह को संबोधित करते हुए महाराजा ने कन्नड़ नवजागरण आंदोलन के प्रति अपना संपूर्ण समर्थन व्यक्त किया था और इस तरह के प्रयत्न को आरंभ करने के लिए विश्वेश्वरैया के प्रति आभार जताया था। महाराजा ने कहा था—

> "हमारे विश्वविद्यालय में स्थानीय भाषा के अध्ययन को विशेष अहमियत दी जा रही है और इसे सभी पाठ्यक्रमों के लिए अनिवार्य बनाया गया है। कन्नड़ भाषा में लिखी गई पाठ्यपुस्तकों का प्रकाशन कर प्रकाशन विभाग सराहनीय कार्य कर रहा है। मुझे उम्मीद है कि विश्वविद्यालय हमारी मातृभाषा कन्नड़ तथा प्राचीन भाषा संस्कृत को बढ़ावा देने के लिए सतत कार्य करता रहेगा। सभी शिक्षित लोगों को इन दोनों भाषाओं के उत्थान के लिए योगदान करना होगा।"

में आत्मनिर्भरता हासिल करने का जो प्रयास किया जा रहा था, उसका सुखद और दूरगामी परिणाम सामने आने लगा था। राज्य के कई हिस्सों में प्राथमिक शिक्षा को अनिवार्य बना दिया गया था। शिक्षा के जरिए बेहतर और दक्ष युवाओं का निर्माण संभव हो रहा था और समाज में ज्ञान की रोशनी फैल रही थी। इस तरह की उन्नति के जरिए नई पीढ़ी को समस्याओं का समाधान ढूँढ़ने के लिए प्रेरित किया जा रहा था और उसे नई जिम्मेदारियों को स्वीकार करने के लिए तैयार किया जा रहा था।

उन्नति के लिए ये सारे कार्य ऐसे समय में आरंभ, संगठित और क्रियान्वित किए जा रहे थे, जब यूरोप और पश्चिम एशिया में प्रथम विश्वयुद्ध की आग सुलग रही थी। एक रियासत होने के नाते मैसूर राज्य की अपनी सीमाएँ थीं। यह न तो अपने बूते पर सुरक्षा के उपाय कर सकता था और न ही इसके लिए किसी तरह की बाहरी मदद ले सकता था। यह राज्य दो प्रेसीडेंसी बंबई और मद्रास के बीच स्थित था। विदेशी व्यापार के लिए इसे जहाँ बंबई पर निर्भर रहना पड़ता था, वहीं सांस्कृतिक एवं राजनीतिक गतिविधियों के लिए इसे मद्रास पर निर्भर रहना पड़ता था। ऐसी विषम परिस्थितियों में भी विश्वेश्वरैया ने मैसूर के सर्वांगीण विकास के लिए जिस तरह के ऐतिहासिक कदम उठाए थे, उनकी सराहना करने की जगह राज्य का एक प्रभावशाली तबका उनका विरोध करने लगा था और उनकी राह में रोड़े अटकाने लगा था। उनकी योजनाओं की आलोचना अवास्तविक, खर्चीली और निरर्थक बताकर होने लगी थी। उन पर निरंकुश होने और संदिग्ध उद्देश्यों के लिए धन का अपव्यय करने का आरोप लगाया जाने लगा था। इकोनोमिक कॉन्फ्रेंस की कमेटियों, नागरिक एवं सामाजिक बैठकों और जिला तथा तालुक कॉन्फ्रेंसों में नागरिकों की भागीदारी की आलोचना होने लगी थी। विश्वेश्वरैया पर आरोप लगाया जा रहा था कि वे वाहियात तमाशे के लिए जनता के धन को पानी की तरह बहा रहे थे।

इतना ही काफी नहीं था, महाराजा के व्यक्तिगत और निजी सचिवों ने भी विश्वेश्वरैया की योजनाओं और नीतियों के क्रियान्वयन के मामले में असहयोग करना शुरू कर दिया था। निजी सचिव एक अंग्रेज था, जो विकास के कार्यों को पसंद नहीं करता था। हुजूर सचिव भी विश्वेश्वरैया को पसंद नहीं करता था, चूँकि उसे कार्य करने का अपना तरीका ही अच्छा लगता था। विश्वेश्वरैया की नीतियों के विरोधी महल में मौजूद थे, जो उनके लिए तरह-तरह की अड़चनें पैदा करने लगे थे। विश्वेश्वरैया को अपने कुछ सहकर्मियों के विरोध और असंतोष का भी सामना करना पड़ा रहा था। उनके सहकर्मी उन्हें निरंकुश और अपनी मनमर्जी से

काम करनेवाला समझते थे। कई गोपनीय दस्तावेज प्रकाशित कर दिए गए थे, जिनकी वजह से परियोजनाएँ प्रभावित हो रही थीं। इस तरह महाराजा के साथ दीवान के रिश्ते में कड़वाहट घुलती जा रही थी। इस तरह की अफवाहें फैलाई जा रही थीं कि विश्वेश्वरैया की निष्ठा पर महाराजा को भरोसा नहीं रह गया था और दोनों के बीच मतभेद बढ़ता जा रहा था। इस तरह की अफवाह का फायदा विश्वेश्वरैया के विरोधी उठा रहे थे। निर्देशों का पालन नहीं किया जाता था। हुक्म पर अमल करने में लापरवाही बरती जाती थी। कुछ काउंसलर खुलेआम निर्देशों का मजाक उड़ाने लगे थे। यह सब देखकर विश्वेश्वरैया जहाँ क्षुब्ध हो उठे थे, वहीं उन्हें अपने पद की निरर्थकता का अहसास भी होने लगा था।

विश्वेश्वरैया मानते थे कि महाराजा के भाई जैसे महत्त्वपूर्ण व्यक्ति को राज्य की प्रगति से जुड़े कार्यों से अलग नहीं रहना चाहिए। वे मानते थे कि महाराजा के भाई को राज्य की प्रगति से जुड़ी परियोजनाओं से जोड़ना राजनीतिक रूप से उचित कदम था। सत्ता के उत्तराधिकारी की प्रशासन में भागीदारी सुनिश्चित कर प्रतिभागिता के एक नए सिद्धांत को सामने रखा जा सकता था। युवराज जनता के प्रति सहानुभूतिशील, बुद्धिमान और राज्य के व्यापक हितों के प्रति समर्पण और निष्ठा की भावना रखते थे। उन्होंने पूरे भारत और दुनिया के कई देशों की यात्रा की थी। उन्होंने विकसित देशों को करीब से देखा था कि किस तरह उन देशों ने राजनीतिक एवं आर्थिक रूप से अनूठी प्रगति की थी। प्रशासन से संबंधित परियोजनाओं में रुचि लेने के लिए युवराज को सहमत करना राज्य के हित में महत्त्वपूर्ण कदम हो सकता था। यही वजह थी कि विश्वेश्वरैया ने युवराज को काउंसिल का असाधारण सदस्य बनाने के लिए विशेष कदम उठाया था। कुछ समय तक यह प्रयोग प्रभावशाली साबित हुआ था, लेकिन जल्द ही कुछ लोगों ने युवराज के इर्द-गिर्द गुटबंदी तैयार कर ली थी, जिसके चलते दीवान के लिए कार्य करना मुश्किल होता जा रहा था और उनका विरोध तीव्र होता जा रहा था।

वर्ष 1916-17 में पड़ोस के मद्रास राज्य में सार्वजनिक जीवन और प्रशासन में ऊँचे पदों पर आसीन ब्राह्मण समुदाय के प्रभाव और हैसियत को खत्म करने के लिए इस टी.एम. नैयर और त्यागराजा के नेतृत्व में एक आंदोलन शुरू हुआ था। ब्राह्मण समुदाय के व्यक्ति प्रत्येक क्षेत्र में महत्त्वपूर्ण पदों पर कार्य कर रहे थे। स्वाभाविक रूप से ऐसे व्यक्तियों के विरोध में ईर्ष्या और असंतोष का भाव बढ़ता जा रहा था। ब्राह्मण समुदाय की तादाद कम होने के बावजूद प्रभावशाली पदों पर

उसी समुदाय के व्यक्ति कार्य कर रहे थे। ऐसे व्यक्तियों को उनके पदों से हटाने के लिए आंदोलन तेज होता जा रहा था।

इस आंदोलन की शुरुआत जस्टिस पार्टी ने की थी और इसका प्रभाव मैसूर तक पहुँच चुका था। गैर-ब्राह्मण समुदाय के कुछ अग्रणी नेता मैसूर में भी वैसी ही नीतियों को लागू करने की माँग करने लगे थे, जिस तरह की नीतियों की माँग मद्रास में जस्टिस पार्टी कर रही थी। ऐसे गैर-ब्राह्मण नेताओं को युवराज का अप्रत्यक्ष समर्थन प्राप्त हो रहा था। शिक्षा और सरकारी नौकरियों में पिछड़े समुदाय के लोगों को अवसर देने के लिए विश्वेश्वरैया पहले ही कई महत्त्वपूर्ण कदम उठा चुके थे। उनका मानना था कि शिक्षा और उद्योग के प्रचार-प्रसार के साथ ही समाज में अगड़े और पिछड़े वर्ग का अंतर समाप्त हो सकता था। वे गैर-ब्राह्मण समुदाय के नेताओं की नकारात्म्क माँगों के खिलाफ थे, जिसके तहत शिक्षा एवं अन्य आर्थिक क्षेत्रों में अगड़ों को अवसर से वंचित करने की बात कही जा रही थी। विश्वेश्वरैया का मानना था कि अगर प्रतिभा की उपेक्षा की जाएगी तो उत्पादन प्रभावित होगा और प्रशासन की जिस दक्षता के लिए इतने सारे उपाय किए जा रहे थे, वह भी बुरी तरह प्रभावित हो सकती थी।

ब्राह्मण विरोधी शक्तियाँ मजबूत होती गईं और दीवान की विभिन्न नीतियों के अलावा शिक्षा की नीतियों पर प्रहार होने लगा। उस संमय की परिस्थिति पर विश्वेश्वरैया ने कविता की एक पंक्ति लिखी थी, जो बाद में उनकी फाइल से बरामद हुई। इस पंक्ति से तत्कालीन हालात का अंदाजा लगाया जा सकता है, 'घटनाएँ चाहे जो भी हों, कुंती की संतान को कोई हक नहीं मिलेगा।'

समय गुजरने के साथ-साथ ब्राह्मण-विरोधी आंदोलन सरकारी नियुक्ति, पदोन्नति और प्रशासन को प्रभावित करने लगा। विश्वेश्वरैया महसूस करने लगे कि वे प्रगति के लिए रास्ते पर मैसूर राज्य को आगे की तरफ ले जाना चाहते थे, अब उस रास्ते पर कदम बढ़ा पाना संभव नहीं रह गया था। प्रथम विश्वयुद्ध शुरू हो चुका था और ब्रिटिश सरकार अधिक-से-अधिक संसाधनों, सामग्रियों और लोगों का इस्तेमाल युद्ध के लिए करने में जुट गई थी। ब्रिटिश सरकार भारत के ऐसे किसी भी हिस्से को मजबूत होते हुए नहीं देखना चाहती थी, जहाँ प्रशासनिक सुधार और आधुनिकीकरण के लिए कार्य किया जा रहा हो।

ऐसे और भी कुछ उदाहरणों का उल्लेख किया जा सकता है। युद्ध के उद्‌देश्य से बंगलौर के पास एक एसिटीलीन फैक्टरी बनाने की योजना तैयार की गई थी। जब इस सिलसिले में सहमति हो गई तो विश्वेश्वरैया ने इच्छा जाहिर की

कि युद्ध समाप्त होने के बाद ब्रिटिश सरकार सामग्रियों और उपकरणों के साथ फैक्टरी मैसूर राज्य के हवाले कर दे। ब्रिटिश सरकार ऐसा करने के लिए राजी नहीं हुई और योजना लागू नहीं हो पाई।

भद्रावती में आयरन वर्क्स की स्थापना करने के लिए ब्रिटिश विशेषज्ञ पेरीन की सलाह ली गई थी, जिन्होंने जमशेदपुर में टाटा आयरन एंड स्टील वर्क्स की स्थापना करने में मदद की थी। युद्ध को बहाना बनाकर भद्रावती के कारखाने को स्थगित कर दिया गया था। मैसूर और अरसीकेटे के बीच रेलमार्ग बनाने का काम जल्दबाजी में निबटाया गया था, चूँकि डर था कि कहीं निर्माण सामग्री का इस्तेमाल युद्ध के लिए किया जाएगा तो रेलमार्ग बनाने का काम अधर में लटक जाएगा। अंग्रेजों के लिए किसी भारतीय राज्य को इस तरह के निर्माण कार्य को रोकने के लिए कहना आसान काम था। विश्वेश्वरैया को जब इस बात का आभास हुआ तो उन्होंने तीव्रता के साथ रेलमार्ग का निर्माण कार्य पूरा करवाया।

विश्वेश्वरैया के कार्यकाल में रिप्रेजेंटेटिव असेंबली को सच्चे अर्थों में जनता की संस्था का रूप प्रदान किया गया था, जो राज्य के शासन में सक्रिय और जीवंत भागीदारी करती थी। इसके लिए व्यापक आधार पर चुनाव करवाए जाते थे और यह सुनिश्चित किया जाता था कि समाज के सभी तबके के लोगों को अपना प्रतिनिधि चुनकर भेजने का अवसर मिले। बरसों के लिए अधिक समय दिया जाता था और लचीले नियमों को अपनाया जाता था। असेंबली से लेजिस्लेटिव काउंसिल में अधिक प्रतिनिधियों को भेजने के प्रावधान में भी संशोधन किया गया था और जनता की आशा-आकांक्षा को ध्यान में रखते हुए कल्याणकारी कदम उठाए जा रहे थे।

लेजिस्लेटिव काउंसिल को अतिरिक्त अधिकार और शक्तियाँ प्रदान कर मजबूत बनाया गया था और सरकार पर काउंसिल का गहरा प्रभाव पड़ रहा था। दोनों संवैधानिक संस्थाओं के सत्रों की संख्या बढ़ा दी गई थी। पहले की तुलना में बजट की आलोचना करने की खुलकर छूट दी गई थी और चुनाव या मनोनयन के जरिए चुने जानेवाले लोक प्रतिनिधियों की संख्या बढ़ा दी गई थी। विश्वेश्वरैया ने संवैधानिक संस्थाओं के ढाँचे को इस कदर मजबूत बनाया था कि सरकार को इसके प्रति जवाबदेह होकर काम करना पड़ता था।

आधिकारिक तत्त्व अभी भी अधिक महत्त्वपूर्ण और निर्णायक थे और मनोनीत तत्त्व स्वाभाविक रूप से प्रशासन में आंशिक भागीदारी कर रहे थे। इसके बावजूद लेजिस्लेटिव काउंसिल में योग्य प्रतिनिधियों के भाषण और आलोचना के आधार

पर प्रशासन के काम-काज की दिशा निर्धारित होने लगी थी। इस तरह जनता के बीच अपने अधिकारों को लेकर जागरूकता बढ़ती जा रही थी।

जब इन दोनों संवैधानिक संस्थाओं को अधिक अधिकार देने का प्रस्ताव रखा गया तो भारत सरकार ने हस्तक्षेप करते हुए बताया कि जिस समय युद्ध चल रहा था, उस समय सार्वजनिक जीवन में कोई जटिलता पैदा करने की जरूरत नहीं थी, चूँकि इससे पड़ोसी राज्य प्रभावित हो सकते थे, उस समय स्थिरता बनाए रखने की जरूरत थी, अनुशासन और यथास्थिति बनाए रखने के लिए ठोस कदम उठाने की जरूरत थी और देश की अंदरूनी सुरक्षा को मजबूत करने की जरूरत थी। अगर विकास कार्यों पर अतिरिक्त धन खर्च किया जाता तो उससे युद्ध पर होनेवाला खर्च प्रभावित हो सकता था। सभी राज्यों को युद्ध के समय केंद्रीय सरकार को आर्थिक मदद करने की जरूरत थी।

अंग्रेजों ने पूरब में एडन में अपना सुरक्षा दस्ता तैयार रखा था, जो अरब सागर और हिंद महासागर में उसकी सुरक्षा सुनिश्चित कर रहा था। अरब क्षेत्र में कई जनांदोलन तीव्र होते जा रहे थे। इस तरह के आंदोलन उभर रहे थे जिन पर ध्यान से नजर रखने की जरूरत थी—संपूर्ण पश्चिम एशिया में अंग्रेजों के अधिकार को चुनौती देने के लिए आंदोलन शुरू हो गए थे। उस समय की तमाम गतिविधियों को राजनीतिक नजरिए से देखने की जरूरत थी। मैसूर जैसे छोटे राज्य में भी विकास संबंधी प्रत्येक नीतियों और योजनाओं पर बदली हुई परिस्थिति का प्रभाव पड़ रहा था। ऐसे हालात में दीवान पद पर कार्य करते हुए विश्वेश्वरैया को अपनी सीमाओं को पहचानते हुए फूँक-फूँककर कदम उठाना पड़ रहा था। दबाव के चलते उनकी कार्यशैली और ऊर्जा प्रभावित हो रही थी। उनके उत्साह पर नकारात्मक प्रभाव पड़ने लगा था और कदम-कदम पर उन्हें अड़चनों का सामना करना पड़ रहा था। जब अधिक संख्या में जनता राजनीतिक रूप से जागरूक होती गई और अर्द्ध सरकारी संस्थाओं से जुड़कर सरकार में भागीदारी करने लगी, तब राजनीतिक जीवन स्पष्ट रूप से जागरूक नजर आने लगा, राजनीतिक पार्टियों की चेतना जाग्रत होने लगी, सांप्रदायिक और राजनीतिक पूर्वाग्रहों की बात करने वाली पार्टियाँ वजूद में आने लगीं। ऐसी पार्टियाँ किसी भी जनहितकारी कार्यक्रम के पक्ष में या विरोध में लामबंदी करने में निर्णायक भूमिका निभा सकती थीं।

विश्वेश्वरैया ने जिन प्रशासनिक सुधारों को लागू किया था, उनके चलते सरकारी सेवा के कई अधिकारी नाराज हुए थे। विश्वेश्वरैया समय की पाबंदी और दक्षता के सिद्धांत को सरकारी विभागों में लागू करने पर जोर देते रहे थे। जो

सरकारी अधिकारियों को बिलकुल अच्छा नहीं लगता था, चूँकि उन्हें लेटलतीफी और अपनी मरजी से कार्य करने की आदत थी। ऐसे हालात का इस्तेमाल विश्वेश्वरैया की कार्यकारी परिषद के सदस्यों ने ही उनके खिलाफ करना शुरू कर दिया। कुछ लोग निजी सचिव के जरिए दीवान की शिकायत महाराजा तक पहुँचाने लगे तो कुछ लोग महल के ताकतवर लोगों के जरिए दीवान की कार्यशैली के विरोध में माहौल बनाने लगे।

चूँकि विश्वेश्वरैया पर कोई भी व्यक्ति निजी फायदे के लिए कार्य करने का इलजाम नहीं लगा सकता था, इसीलिए लोगों ने इलजाम लगाना शुरू कर दिया कि वे तानाशाही अपना रहे थे, सारे कार्यों का नियंत्रण अपने हाथ में रखे हुए थे, अपने सहकर्मियों से सलाह-मशविरा करना जरूरी नहीं समझते थे, राज्य के लिए अनुपयोगी योजनाओं पर जनता का धन बरबाद कर रहे थे और फिजूलखर्ची के जरिए राज्य को नुकसान पहुँचा रहे थे। जो लोग सार्वजनिक ऋण को मुसीबत का पर्याय समझते थे, वे उधार की पूँजी से उत्पादनशील उद्योग-धंधे लगाने का अर्थ हरगिज नहीं समझनेवाले थे, न ही ऐसे प्रयत्नों का वे समर्थन करनेवाले थे। महाराजा और दीवान के बीच पत्र व्यवहार में कड़वाहट उभरने लगी थी और राज्य में हर स्तर के लोगों को भनक लगने लगी थी कि महाराजा और दीवान के रिश्ते में खटास पैदा हो चुकी थी। विश्वेश्वरैया की राय की अवमानना करते हुए नियुक्ति और पदोन्नति होने लगी थी। जिन विषयों की तरफ तुरंत ध्यान देने की जरूरत थी, उन विषयों के प्रति टालमटोल का रवैया अपनाया जा रहा था। कई बार काउंसलर उनके निर्देशों की अवहेलना करते थे और अपनी मर्जी से कार्य करने लगे थे। अगर कुछ गलत होता था तो उन्हें जवाबदेह माना जाता था और उनसे सफाई देने के लिए कहा जाता था।

महाराजा से निजी तौर पर अनुरोध किया गया कि जो लोग राज्य में चलाए जा रहे विकास अभियान का विरोध कर रहे हैं, वे उनकी बात न सुनें या वे ऐसे लोगों को बिलकुल प्रश्रय न दें, जो निजी फायदों के लिए सार्वजनिक हितों को नुकसान पहुँचाने की कोशिश कर रहे हैं। महाराजा को समझाने का प्रयास किया गया कि विश्वेश्वरैया पूरी तरह राज्य के प्रति वफादार थे और उनके अधिकारों की सुरक्षा सुनिश्चित करने के लिए महाराजा को एक निर्देश जारी करना चाहिए था और कई मामलों का तुरंत निबटारा करना आवश्यक हो गया था। दीवान के रूप में विश्वेश्वरैया के कार्यकाल को अंतिम एक वर्ष या अठारह महीने की अवधि में महाराजा और उनके रिश्ते में तल्खियाँ बढ़ती गई थीं। महाराजा यह बात मानने के

लिए तैयार नहीं थे कि उन्हें दीवान के खिलाफ भड़काया जा रहा था।

विश्वेश्वरैया महसूस कर रहे थे कि जब उन्हें गलत बातों पर रोक लगाने, अपने अधिकार पर अमल करने, प्रशासन को अनुशासित करने और सही तरीके से नीतियों को लागू करने की स्वतंत्रता नहीं थी तो उन्हें अपने पद पर बने रहने की अब कोई जरूरत नहीं रह गई थी। पद पर बने रहने का अर्थ होता महज प्रशासन का ऐसा प्रमुख बनकर रहना, जिसके पास कार्य करने का कोई अधिकार नहीं रह गया था। उन्हें इस तरह के पद से कोई लगाव नहीं था।

1918 की शुरुआत में इस कड़वाहट भरे रिश्ते में एक ऐसा मोड़ आया जब विश्वेश्वरैया ने अपने पद से मुक्त होने की इच्छा जाहिर की। उन्होंने यह भी अनुरोध किया कि उनके त्यागपत्र की खबर को गुप्त रखा जाए और समय आने पर वे छुट्टी लेकर हमेशा के लिए दीवान का पद को छोड़कर जानेवाले थे।

निजी तौर पर महाराजा और दीवान एक-दूसरे का सम्मान करते थे। दीवान के मन में वफादारी और सम्मान का भाव था, वहीं महाराजा के मन में सराहना और विश्वास का भाव था, लेकिन माहौल इस कदर बिगड़ चुका था कि टकराव की नौबत आ गई थी और सुलह की कोई गुंजाइश बची नहीं रह गई थी। इस तरह दिसंबर, 1918 में विश्वेश्वरैया दीवान पद से मुक्त हो गए।

विश्वेश्वरैया की आधुनिक कार्यशैली की आलोचना के एक प्रसंग का उल्लेख करना प्रासंगिक हो सकता है—वे कुछ सरकारी अतिथिगृहों में जलपान के लिए न्यूनतम सुविधाएँ मुहैया करवाने के लिए सरकार की तरफ से कुछ हजार रुपए व्यय करना चाहते थे। उनके आलोचकों ने कहा कि अतिथियों को चाय, कॉफी, बिस्कुट आदि परोसने की कोई जरूरत नहीं थी, चूँकि राज्य के प्रत्येक हिस्से में भात, मूँगफली का व्यंजन, दूध, दही आदि खाद्य पदार्थ आसानी से उपलब्ध होते थे। किसी भी विषय को पोंगापंथी और आधुनिक अंदाज में देखने का फर्क इस उदाहरण से स्पष्ट हो जाता है। राज्य के अतिथिगृहों को इस तरह की सुविधाओं से सज्जित करने में दशकों का समय लग गया। विश्वेश्वरैया अपने समय से आगे की बात सोचते थे। राज्य के एक अधिकारी ने उनका वर्णन करते हुए लिखा है कि वे एक रेलगाड़ी के इंजन की तरह थे, जो विशाल मालगाड़ी को खींचने की जिम्मेदारी निभा रहे थे। अपना पद छोड़ने से पहले तमाम तरह की बाधाओं का सामना करते हुए उन्होंने बंगलौर और मैसूर में दो आधुनिक होटलों का निर्माण करवाने में सफलता हासिल कर ली थी।

आँकड़ों के प्रति विश्वेश्वरैया को गहरा लगाव था। प्रत्येक आर्थिक, सामाजिक,

नागरिक एवं राजनीतिक गतिविधियों के संबंध में वे आँकड़े जुटाते रहते थे। इस तरह वे परिस्थिति, विकास की प्रगति का आकलन कर पाते थे। इसके साथ ही वे अतीत के साथ वर्तमान की तुलना कर पाते थे, दूसरे देशों की उपलब्धियों के साथ अपने राज्य की उपलब्धियों की तुलना कर पाते थे।

इंडियन इकोनोमिक कॉन्फ्रेंस में दिए गए एक भाषण में उन्होंने विस्तृत और विश्वसनीय आँकड़ों का संग्रह करने पर जोर दिया था, लेकिन जब वे सार्वजनिक सभाओं में तथ्यों और आँकड़ों का हवाला देते हुए अपने तर्क को पेश कर रहे होते थे तो उनका भाषण ऊब पैदा नहीं करता था, क्योंकि उनकी बातों में हास्य-विनोद का पुट घुला रहता था और वे श्रोताओं को ठहाका लगाने के लिए मजबूर कर देते थे।

विश्वेश्वरैया की महान् प्रतिभा, बौद्धिक क्षमता, विलक्षण कार्यक्षमता और दूरदर्शिता को अपनाने के लिए तात्कालीन समाज पूरी तरह तैयार नहीं हो पाया था, चूँकि वे वक्त से काफी आगे की बातें सोच रहे थे। वक्त ने साबित किया कि वे बिलकुल सही थे। बाद में प्रथम प्रधानमंत्री जवाहरलाल नेहरू ने जब इसी तरह की कल्याणकारी नीतियों को लागू करने का प्रयास किया तो उन्हें भी आलोचना का सामना करना पड़ा। ऐसा लगता है कि जब कोई व्यक्ति अपने समय से काफी आगे की बातें सोचता है तो समाज उसे अपनाने के लिए तैयार नहीं होता।

□

विश्वेश्वरैया का त्यागपत्र

विश्वेश्वरैया ने 2 जनवरी, 1917 को त्यागपत्र लिखकर महाराजा को भेजा था। उन्होंने लिखा था—

"मैं दीवान पद से विनम्रतापूर्वक त्यागपत्र देता हूँ। आपने कृपा करके पिछले वर्ष अगस्त तथा अक्तूबर में दो बार भेंट का अवसर मुझे प्रदान किया। जिनमें मैंने अपना सरकारी काम संपन्न करने में आ रही कठिनाइयों के बारे में आपको बताया। कुछ महीने तो लगा कि काम ठीक से चलने लगा है, परंतु अब फिर से और जटिल होकर वे कठिनाइयाँ उभरने लगी हैं। आपसे तीसरी बार मिलने के बजाय मैंने रियासत की सेवा से अलग हो जाने का निर्णय लिया है। एक वर्ष पहले तक आप सचिवों से कहते थे कि परिषद् या मेरी ओर से आनेवाले किसी भी प्रस्ताव में संशोधन करने की आवश्यकता हो तो मुझसे राय ले ली जाए। आजकल यह अधिकार मुझे प्राप्त नहीं है और परिणामस्वरूप मुख्यालय में जो धारणा बनाई गई, वह सच्चाई के बिलकुल विपरीत है। सरकार के किसी भी बड़े काम या योजना के क्रियान्वयन के लिए एक सुसंगत नीति अपनाना जरूरी है। एक शृंखला में 20 कड़ियाँ हो सकती हैं, परंतु अगर एक कड़ी भी कमजोर हो जाए तो पूरी शृंखला कमजोर हो जाती है। इसी प्रकार यदि किसी योजना की सामान्य धारणा का एक भी आदेश असंगत हो तो पूरी योजना पर प्रतिकूल असर पड़ सकता है और मुझे बराबर इस बात की चिंता रहती है।

मैसूर में ऐसे अहितकारी तत्त्व हैं जिन पर सख्ती से काबू पाया जा सकता है। जब भी पकड़ ढीली पड़ती है, सरकार में लोगों का विश्वास

हिल जाता है तथा सार्वजनिक हितों को आघात पहुँचता है। ऐसी अनेक घटनाएँ मैं देख चुका हूँ, जो इस बता की सूचक हैं कि मुझे आपका पूरा विश्वास प्राप्त नहीं है, जिससे मैं कार्य तथा नीति पर अपनी पकड़ बनाए रख सकूँ और स्वाभिमान के साथ आपकी सेवा में रहना अब मेरे लिए कठिन हो गया है। मैं सविनय अनुरोध करता हूँ कि आप अपनी उदारता के अनुरूप मुझे यह अनुमति देंगे कि मैं कुछ अधिकारियों को वेतन वृद्धि दे सकूँ, जिन्होंने परिश्रम से काम किया है तथा रियासत के प्रति निष्ठा का प्रदर्शन किया है। यदि आज्ञा हुई तो मैं आपके विचार के लिए उनके नाम आपके पास भेज दूँगा।

मेरी प्रार्थना है कि चालू महीने के अंत तक मुझे कार्यमुक्त करने के आदेश जारी कर दिए जाएँगे। जब तक परिषद् के जो सदस्य इस समय छुट्टी पर हैं। वे काम पर लौट आएँगे।''

इस पहले त्यागपत्र को महाराजा ने स्वीकार नहीं किया, मगर स्थितियाँ सामान्य नहीं हो पाईं। 16 नवंबर, 1917 को उन्होंने अंतिम त्यागपत्र महाराजा को भेज दिया—

''पिछले कुछ समय से महसूस कर रहा हूँ कि जो सहानुभूति और समर्थन मुझे अपने कार्यकाल के पहले तीन वर्षों में आपसे मिला, यदि वैसा समर्थन अब नहीं मिल रहा है तो प्रशासन संचालन जारी रखना व्यर्थ है। यदि मैं सचमुच यह अनुभव न करता कि मेरे रास्ते में विकट बाधाएं हैं तो यह कदम न उठाता, जो मैं इस समय उठा रहा हूँ। श्री मिर्जा आपको बताएँगे कि पिछले दो महीने में कम-से-कम दो बार मैंने उनसे संपर्क किया है और बताया है कि आपकी तथा राज्य की सेवा करने की मेरी उत्कट इच्छा रही है, परंतु यह तभी संभव है जब मेरी स्थिति सम्मानजनक हो। इसका मतलब यह नहीं कि मुझे व्यक्तिगत रूप से फायदा हो या मेरा पद बढ़ाया जाए या अधिक आराम मिले, बल्कि ऐसी सुविधाएँ व अधिकार हों कि जब तक अधिकारियों और लोगों में आत्मसहायता और अनुशासन की आदत नहीं पनपती, तब तक उच्च स्तर पर काम लेना और कारगर सरकार चलाना संभव हो सके।''

मैं सविनय आपको आश्वासन देना चाहता हूँ कि मैं कहीं भी रहूँ, आवश्यकता पड़ने पर कावेरी मसले पर आपकी सरकार को परामर्श देने के लिए तैयार हूँ।'' □

सेवानिवृत्ति की अवधि में

मैसूर राज्य के दीवान का पद छोड़ देने के बाद विश्वेश्वरैया अब किसी तरह के कार्यक्षेत्र से जुड़ने के लिए स्वतंत्र थे और अब उन्हें किसी राज्य या राजा के अधीन कार्य करने की जरूरत नहीं रह गई थी। उन्हें पेंशन मिल रही थी और जीवनयापन करने के लिए उन्हें किसी की सहायता की जरूरत नहीं थी। उनकी जीवनशैली सादगी पर आधारित थी और उनकी जरूरतें सीमित थीं। वे दिन-रात लगातार कठोर मेहनत करने में नहीं हिचकते थे। वे हमेशा कहते थे कि मेहनत करने से किसी की जान नहीं जाती, केवल चिंता, अनियमितता और अनिश्चितता की स्थितियाँ आदमी की जान ले लेती हैं। इसके बाद का उनका सारा जीवन सरकारों, सार्वजनिक संस्थाओं और निजी संस्थाओं की सेवा करते हुए गुजरा, जो तकनीकी सेवा या उत्पादन के मामले में उनकी सहायता लेना चाहती थी।

दीवान के पद से इस्तीफा देने के तीन महीने बाद अपने आपको तरोताजा करने के लिए और युद्ध प्रभावित क्षेत्रों की तुलना में युद्ध से अप्रभावित यूरोप और अमेरिका में आर्थिक विकास का जायजा लेने के लिए 1919 में विश्वेश्वरैया विदेश यात्रा पर निकल पड़े। इससे पता लगता है कि उनके मन में तत्कालीन विश्व के लोगों और घटनाक्रमों को जानने की कितनी ललक थी। इस यात्रा के जरिए वे अपने भीतर नए उत्साह और ऊर्जा का संचार करना चाहते थे। उनका मानना था कि जीवन को मकसद के साथ गुजारना चाहिए और जीवन को वर्षों के आधार पर नहीं, उपलब्धियों के आधार पर मापना चाहिए। इस विदेशी यात्रा के दौरान उन्होंने डेट्राइट में ऑटोमोबाइल उद्योग का नजदीक से जायजा लिया। उनके मन में भारत में भी इसी तरह ऑटोमोबाइल उद्योग की स्थापना की कल्पना कौंध रही थी। बाद के वर्षों में उन्होंने भारत में एयरक्राफ्ट फैक्टरी की स्थापना के लिए भी विशेष ध्यान दिया।

दीवान के पद से मुक्त होने के बाद विश्वेश्वरैया के गुजारे गए जीवन को तारीखों के नजरिए से नहीं, बल्कि उनके कार्यों की रोशनी में देखने की जरूरत है। उन्होंने कुछ महत्त्वपूर्ण कार्यों के लिए अपनी प्रतिभा और ऊर्जा का इस्तेमाल किया। मंड्या क्षेत्र में सिंचाई प्रणाली को लागू करने के प्रावधान से युक्त कन्नमबडी बाँध के निर्माण को पूरा करने में उन्होंने अहम भूमिका निभाई। मूल परियोजना के अनुसार बाँध की ऊँचाई 38 मीटर तक बढ़ाई गई। कृष्णराज सागर बाँध का निर्माण 1930 में पूरा हुआ। बाँध के प्रथम चरण में 24.38 मीटर तक का निर्माण कार्य 1918 में पूरा किया गया था। जब विश्वेश्वरैया दीवान के पद से मुक्त हो गए, तब पैसे की कमी के चलते बाँध का निर्माण कार्य रुक गया। 1924 से इस बाँध का निर्माण कार्य आगे बढ़ाया गया और 1930 में इसे पूरा कर दिया गया। महाराजा ने बाँध के निर्माण के प्रत्येक चरण में विश्वेश्वरैया की सहायता ली। हुल्लीकेरे सुरंग के निर्माण का विश्वेश्वरैया लगातार जायजा लेते रहे, जिसके जरिए उच्च नहर प्रणाली का जल पहुँचाया जाने वाला था। उच्च स्तरवाली इरविन नहर (जिसका नाम बाद में विश्वेश्वरैया नहर रखा गया) का निर्माण इंजीनियरिंग का एक श्रेष्ठ नमूना था, जो भारत के किसी भी राज्य के लिए गर्व की बात हो सकती थी।

नहर के क्षेत्र में सिंचाई की ब्लॉक प्रणाली लागू की गई और पानी का विवेकपूर्ण तरीके से वितरण करते हुए बंजर क्षेत्रों को भी कृषि योग्य बनाया गया। इस तरह इलाका मलेरिया के प्रकोप से भी मुक्त हो गया।

भद्रावती आयरन वर्क्स के निर्माण कार्य को पूरा करना चुनौतियों से भरपूर था। विश्वेश्वरैया को कम-से-कम अहम रुकावटों का सामना करना पड़ा—भारत सरकार के स्तर पर रुकावट, जो भारत में लोहा एवं इस्पात उद्योग को बढ़ावा देने के पक्ष में नहीं थी। मैसूर सरकार के स्तर पर रुकावट, चूँकि वे उस सरकार के दायित्व से मुक्त हो चुके थे और व्यक्तिगत स्तर पर उनके खिलाफ दुष्प्रचार चलाया जा रहा था। इस परियोजना की आलोचना करनेवालों का कहना था कि यह जनता के धन का अपव्यय करनेवाली निरर्थक योजना थी, जिसके नाम पर मैसूर का सारा खजाना खाली हो जाने का खतरा था। जब मई, 1918 में इस परियोजना का कार्य शुरू किया गया, तब वे मैसूर के दीवान के पद पर बने हुए थे, लेकिन पद से मुक्त होने के बाद निर्णय लेनेवालों का रवैया भी पूरी तरह बदल चुका था। शुरू में जब परियोजना की रूपरेखा तैयार की गई थी, तब 18 महीने के भीतर इसे पूरा करने और उत्पादन शुरू करने का लक्ष्य निर्धारित किया गया था,

लेकिन युद्ध के प्रभाव के चलते निर्माण कार्य अधर में लटक गया और इसे पाँच वर्षों के बाद 1923 में पूरा किया जा सका। इस कारखाने को लोहा और इस्पात की कीमत में मंदी का सामना करना पड़ रहा था, जो इसके लिए चिंता की बात थी। एक समय ऐसा आया जब कीमत घटकर आधी हो गई यानी जिस मूल्य पर उत्पाद को बेचने का अनुमान लगाया गया था, बाजार में उस उत्पाद की आधी कीमत ही मिल रही थी। प्रति टन 100 रुपए से 120 रुपए तक की कीमत निर्धारित की गई थी, मगर खरीदार प्रति टन महज 45 रुपए ही देने के लिए तैयार थे। इंजीनियरों एवं वरिष्ठ तकनीकी अधिकारियों ने सुझाव दिया कि जब तक माहौल सुधर नहीं जाता, तब तक उत्पादन बंद कर देना समझदारी की बात होगी।

उस समय विश्वेश्वरैया बंबई में रह रहे थे। उनके दो आवास थे—एक बंगलौर के हाई ग्राउंड्स इलाके में और दूसरा बंबई के वाडैन रोड इलाके में। यह आवास उन्हें उनके पुराने मित्र बी.पी. अगरकर ने यह कहकर दिया था कि बंबई आने पर वे उसी आवास में ठहर सकते थे। बाद में इस आवास में विश्वेश्वरैया स्मृति स्थल का निर्माण किया गया। मैसूर के महाराजा ने विश्वेश्वरैया को संदेश भेजकर आमंत्रित किया और भद्रावती परियोजना के संकट का कोई हल ढूँढ़ने का अनुरोध किया। उन्होंने विश्वेश्वरैया से कहा कि यह उनका अपना काम था और उसे अंजाम तक पहुँचाना उनका फर्ज बनता था। तत्कालीन दीवान ए.आर. बनर्जी महाराजा का संदेश लेकर विश्वेश्वरैया के पास गए थे।

विश्वेश्वरैया ने इस मामले में मदद करने के अनुरोध को एक शर्त पर स्वीकार करने की बात कही—उन्हें आयोग, कर्मचारी, मशीन आदि के संबंध में निर्णय लेने की पूर्ण स्वतंत्रता दी जाएगी, आंतरिक प्रबंधन पर उन्हें पूरा अधिकार रहेगा। सरकार कार्य का लेखा-जोखा करने के लिए स्वतंत्र रहेगी। जब महाराजा ने उन्हें पूरी स्वतंत्रता लेने का आश्वासन दिया तो उन्होंने वर्क्स के बोर्ड ऑफ मैनेजमेंट के अध्यक्ष का पद स्वीकार कर लिया। जब विश्वेश्वरैया वर्क्स के अध्यक्ष बने, उस समय वर्क्स के कई सलाहकार थे जिन्हें ऊँची तनख्वाह दी जा रही थी, जबकि उनकी सेवा की अवधि अभी बची हुई थी। जब विश्वेश्वरैया को लगा कि ऐसे सलाहकार वर्क्स के लिए निरर्थक और बोझ के समान थे, तब उन्होंने उनके तमाम बकाए वेतन का हिसाब चुकता कर सबको कार्यमुक्त कर दिया। वर्क्स का प्रबंधन और परिचालन मैसूर के अधिकारियों के हाथों में आ गया, जो जी-जान से कार्य करते हुए परियोजना को सफल बनाने के लिए प्रतिबद्ध थे। ये अधिकारी कम वेतन लेकर भी निर्धारित समय से अधिक देर तक रुककर कार्य करने लगे। वे

लगन, निष्ठा और देशभक्ति के साथ अपने कर्तव्य का पालन करने में जुट गए थे। बोर्ड में सरकार के प्रतिनिधि के रूप में एन. माधवराव शामिल थे, जिन्हें बाद में प्रबंध निदेशक बना दिया गया था।

इस तरह वर्क्स का काम सही दिशा में आगे बढ़ने लगा। साढ़े छह वर्षों तक विश्वेश्वरैया उत्साह और लगन के साथ कार्य करते रहे और उन्हें वर्क्स को आत्मनिर्भर बनाने में सफलता मिल गई। भद्रावती में उत्पादित चारकोल पिग आयरन की कीमत बाजार में कम थी और उसे अमेरिका में बेचना आसान था चूँकि अमेरिकी कंपनियों के उत्पाद की तुलना में भी उसकी कीमत कम थी। अमेरिका को प्रतिवर्ष पाँच हजार टन आयरन बेचा जा रहा था। अमेरिकी सलाहकारों के साथ किए गए करार में बिक्री की अधिकतम सीमा पाँच हजार टन निर्धारित की गई थी। इससे अधिक उत्पाद की आपूर्ति करने पर अमेरिकी सरकार किराए की दर में वृद्धि कर सकती थी। इस समय तक कारखाने में कम लागत पर अधिक उत्पादन की प्रणाली विकसित कर ली गई थी और लोहा तथा इस्पात का उत्पादन कम-से-कम लागत पर किया जा रहा था। उद्योग के क्षेत्र में विश्वेश्वरैया को एक नए किस्म का अनुभव प्राप्त हो रहा था। कारखाने में जो खर्च किया जा रहा था, उसे काफी सोच-समझकर निर्धारित किया जाता था। नजदीकी इलाके में उपलब्ध कच्चे माल का इस्तेमाल किया जा रहा था। इसी तरह स्थानीय कर्मचारियों को कारखाने में नियुक्ति दी गई थी। तकरीबन पाँच हजार लोग इस कारखाने में काम कर रहे थे। कुछ दिनों के बाद ही यह कारखना अपने बलबूते पर जोग जल प्रपात से अपनी जरूरत पूरी करने के लिए बिजली पैदा करने करने लगा। इस उद्योग में नवीन जीवन का संचार करने के लिए विश्वेश्वरैया ने जी-तोड़ मेहनत की थी। वे कच्चे माल पर नजर रखते थे, माल की ढुलाई को सुनिश्चित करते थे और उत्पादन के विभिन्न चरणों पर पैनी नजर रखते थे। उत्पाद की मार्केटिंग पेशेवर अंदाज में करने के लिए उन्होंने अधिकारियों को प्रशिक्षित किया था। कारखाने को सफलता के सोपान पर पहुँचाकर विश्वेश्वरैया ने ऐसे आलोचकों का मुँह बंद कर दिया था, जो उत्पादन को हमेशा के लिए स्थगित कर देने की सलाह देते रहे थे। इसके साथ ही विश्वेश्वरैया ने महाराजा से अनुरोध किया कि उन्हें अध्यक्ष पद छोड़ने की इजाजत दी जाए।

अमेरिकी विशेषज्ञ पेरीन जनवरी, 1927 में भद्रावती का कारखाना देखने आए और वहाँ का काम-काज देखकर इस कदर प्रभावित हुए कि उन्होंने विश्वेश्वरैया को बधाई दी और महाराजा से कारखाने की सफलता की चर्चा करते हुए विश्वेश्वरैया

की सराहना की। उन दिनों एक कहावत प्रचलित हो गई थी कि विश्वेश्वरैया 'एक मरे हुए घोड़े को जिंदा कर देने की क्षमता रखते थे।' मद्रास के पूर्व गवर्नर और महाराजा के सचिव सर चार्ली टोडुंटर ने इस कामयाबी की प्रशंसा करते हुए नवंबर, 1927 में विश्वेश्वरैया को लिखे गए पत्र में बताया, ''मैं प्रशंसा और धन्यवाद के लिए सटीक शब्द नहीं ढूँढ पा रहा हूँ। भद्रावती में जो कमाल आपने कर दिखाया है, उसका कोई जवाब नहीं है। मुझे जो बात सबसे अधिक उल्लेखनीय लगी, वह थी विश्वेश्वरैया की ऊर्जा जो वहाँ प्रत्येक व्यक्ति के भीतर मौजूद दिखाई दे रही थी। मैं पहले कभी ऐसे ऊर्जावान और शिक्षित नौजवानों से नहीं मिला था, जो भद्रावती कारखाने को सफल बनाने के लिए जी-जान से जुटे हुए थे। आपने अपने प्यारे मैसूर के लिए एक असाधारण उदाहरण प्रस्तुत किया है।''

स्टील वर्क्स के अध्यक्ष के रूप में दी गई अपनी सेवा के लिए विश्वेश्वरैया को त्रैमासिक रूप से पाँच हजार रुपए पारिश्रमिक के तौर पर देने की पेशकश की गई थी। इस तरह कुल कार्य अवधि के लिए उन्हें 1.5 लाख रुपए मिले। इस राशि को उन्होंने निजी तौर पर स्वीकार नहीं किया, बल्कि इसे एक आधुनिक तकनीकी इंस्टीट्यूट और एक पुस्तकालय के निर्माण के लिए दान कर दिया। इंस्टीट्यूट की स्थापना युवा महाराजा जयचामराज वोडेयार के नाम पर होनेवाली थी, वहीं टेक्निकल इंस्टीट्यूट में पुस्तकालय का निर्माण होना था। तकनीकी संस्थान में डिप्लोमा और डिग्री की पढ़ाई का प्रावधान रखा गया था। विश्वेश्वरैया की मदद और मार्गदर्शन से पाठ्यक्रम को तैयार किया गया था। राज्य सरकार ने भी संस्थान की स्थापना और देखरेख करने के लिए अपनी तरफ से राशि खर्च की थी।

विश्वेश्वरैया जब दीवान के पद पर कार्य कर रहे थे, तब उन्होंने वेतन में बढ़ोतरी की पेशकश को ठुकरा दिया था। ऐसा भी कहा जाता है कि जब कृष्णराज सागर बाँध परियोजना के लिए उपकरणों के एक आपूर्तिकर्ता ने उसे परामर्श आदि के शुल्क के रूप में आकर्षक राशि का चेक भेजा तो उन्होंने उस आपूर्तिकर्ता के साथ करार रद्द कर दिया और निर्देश दिया कि जब उसकी तरफ से मैसूर सरकार के समक्ष बिल भेजा जाए तो चेक में दर्शाई गई रकम छूट के रूप में घटा दी जाए।

बंगलौर शहर का आकार बढ़ता जा रहा था, मगर शहरवासियों के लिए पेयजल आपूर्ति की व्यवस्था संतोषजनक नहीं थी। विश्वेश्वरैया की अध्यक्षता में एक कमेटी जलापूर्ति व्यवस्था का अध्ययन करने और रिपोर्ट प्रस्तुत करने के लिए गठित की गई। कमेटी ने शहर से सोलह मील दूर टीपागोंडाना हाली नामक स्थान पर एक जलाशय बनाने की योज़ना तैयार की, जिसमें 3,000 मिलियन क्यूबिक

फीट पानी का संग्रह किया जा सकता था और रोजाना बंगलौरवासियों को 45 मिलियन लीटर शुद्ध पेयजल की आपूर्ति की जा सकती थी। इस योजना पर अमल करने के बाद बंगलौर में पेयजल के संकट का संतोषजनक समाधान हो गया।

जैसा कि पहले ही बताया जा चुका है, विश्वेश्वरैया भारत नें ऑटोमोबाइल उद्योग की स्थापना करने की संभवनाओं का अध्ययन कर रहे थे। उन्होंने 1935 में यूरोप और अमेरिका का दौरा करते हुए उन देशों में ऑटोमोबाइल उद्योग की कार्यशैली का जायजा लिया था। यात्रा से लौटते समय वे भारत में ऑटामोबाइल उद्योग शुरू करने के संबंध में रिपोर्ट तैयार कर लाए थे, जिसे उन्होंने प्रकाशित भी किया था। बंबई के एक व्यापारी वालचंद हीराचंद और बंबई सरकार के एक मनोनीत अधिकारी ने तकनीकी एवं अन्य सहयोग के लिए अमेरिकी कंपनी क्रिसलर कॉर्पोरेशन के साथ बातचीत की। ऑटोमोबाइल कारखाना शुरू करने के लिए धन का प्रबंध कर लिया गया। कारखाने को शुरू करने के लिए बंबई को सर्वाधिक सटीक स्थान माना गया, मगर केंद्र सरकार ने बंबई सरकार को इस योजना को लागू करने से मना किया और इसके लिए द्वितीय विश्वयुद्ध का बहाना बनाया। बाद में भी सरकार इस योजना को हतोत्साहित करने की कोशिश करती रही। उद्योगपति निराश हो गए और अलग-अलग खेमों में बंट गए, तब विश्वेश्वरैया ने इस उद्योग को शुरू करने का प्रस्ताव मैसूर सरकार के सामने पेश किया। तत्कालीन दीवान मिर्जा एम इस्माइल इस उद्योग को राज्य में शुरू करने के लिए तैयार थे। संस्मरण की पुस्तक में विश्वेश्वरैया ने लिखा है, "जब उद्योग लगाने की तैयारी शुरू हो गई, तब भारत सरकार ने मैसूर के रेजीडेंट को निर्देश दिया कि वह महाराजा से कहकर इस योजना पर रोक लगा दे।" केंद्र से कही गई हर बात आदेश के बराबर होती थी, इसीलिए प्रस्ताव पर मैसूर सरकार ने कदम पीछे हटा लिया।

लगभग ऐसा ही हाल एयरक्राफ्ट फैक्टरी की स्थापना के प्रस्ताव का भी हुआ। बंबई सरकार के उद्योग विभाग के निदेशक पी.बी. आडवाणी 1939 में ऑटोमोबाइल परियोजना के सिलसिले में वालचंद हीराचंद के साथ अमेरिका गए थे। लौटते समय उनकी मित्रता एक अमेरिकी एयरक्राफ्ट विशेषज्ञ डब्ल्यू.ए. पावली से हो गई थी, जो चीन जा रहा था। आडवाणी ने पावली से भारत में एयरक्राफ्ट उद्योग खोलने की योजना तैयार करने का अनुरोध किया, जिसे पावली ने स्वीकार कर लिया। भारत में इस तरह का उद्योग शुरू करने के लिए भारत में तैनात कमांडर-इन-चीफ की अनुमति लेने की जरूरत थी। वालचंद हीराचंद ने कमांडर-

इन-चीफ से इस सिलसिले में बात की। छह महीने तक इस सिलसिले में कोई जवाब नहीं दिया गया। दक्षिण-पूर्व एशिया कमांड के पास युद्ध में क्षतिग्रस्त हुए विमानों की मरम्मत और पुनर्निर्माण करने की कोई सुविधा नहीं थी। यूरोप में हुई डनकिर्क तबाही के बाद अंग्रेज सरकार भारत में भी एयरक्राफ्ट कारखाने की जरूरत की अहमियत समझने लगी थी। हीराचंद को बंगलौर में कारखाना स्थापित करने की इजाजत दे दी गई और इस तरह उनकी कंपनी पावली को तकनीकी विशेषज्ञ बनाकर खुद मैनेजिंग एजेंट बन गई। युद्ध समाप्त होने के बाद कारखाने को भारत सरकार ने अपने हाथ में ले लिया और मैसूर सरकार को इसका भागीदार बनाया गया। विश्वेश्वरैया आरंभ से ही चाहते थे कि कारखाने में विमान का निर्माण किया जाए, मगर लंबे समय तक यह मुमकिन नहीं हो पाया, चूँकि अंग्रेज सरकार को भारतीय इंजीनियरों और कारखानों की दक्षता पर पूरा भरोसा नहीं था।

देश के दूसरे हिस्सों की तरह मैसूर राज्य की अधिकांश आबादी भी गाँवों में ही रह रही थी। विश्वेश्वरैया मानते थे कि गाँवों में रहनेवाले नागरिकों के जीवन स्तर में सुधार किए बगैर देश का सर्वांगीण विकास कर पाना संभव नहीं था। वे गाँवों को सक्षम आर्थिक इकाइयों के रूप में संगठित करना चाहते थे और इसी उद्‌देश्य को ध्यान में रखकर जिला, तालुक और ग्राम स्तरीय कमेटियों का गठन किया गया था। ग्रामीण अर्थव्यवस्था को मजबूत बनाने के बारे में वे लगातार प्रयास करते थे। उनका मानना था कि ग्रामीण क्षेत्रों में नागरिक सुविधाओं पर पूरी तरह ध्यान देना आवश्यक था। वे गाँव की जनता को साफ-सफाई, पेयजल आपूर्ति एवं स्वास्थ्य सुविधाएँ मुहैया करवाने में सरकार की भूमिका को महत्त्वपूर्ण मानते थे। इसके लिए वे नागरिकों और सरकार के बीच सहयोग पर विशेष जोर देते थे। वे ग्रामीण इलाकों में रोजगार के वैकल्पिक साधनों का विकास करना चाहते थे, जिससे किसान खेती के साथ-साथ हस्तकला के माध्यम से अतिरिक्त उपार्जन भी कर सकते थे। सूखा या फसल नष्ट होने जैसे संकट की स्थितियों का सामना करने के लिए गाँवों को आत्मनिर्भर बनाना चाहते थे। वे चाहते थे कि ग्रामीणों को अपने पास अपने उपयोग के लिए दो वर्षों तक गुजारा लायक अनाज जमा रखना चाहिए। इन्हीं उद्‌देश्यों को ध्यान में रखकर एक-दो जिलों में सघन अभियान शुरू किया गया, मगर लोगों में जागरूकता का अभाव था और उनके अभियान को किसी तरह का समर्थन नहीं मिल रहा था। यह सब देखकर विश्वेश्वरैया का उत्साह ठंडा पड़ गया था।

जब विश्वेश्वरैया ऑल इंडिया मैन्यूफैक्चर्स एसोसिएशन के अध्यक्ष थे, तब

उन्होंने एक ग्रामीण औद्योगीकरण परियोजना तैयार की थी। यह योजना 1949 में भारत सरकार के समक्ष पेश की गई थी। भारत सरकार ने अपनी तरफ से कोई टिप्पणी किए बिना ही इस परियोजना को सभी राज्य सरकारों के पास विचार के लिए भेज दिया था। शुरू-शुरू में मैसूर सरकार इस परियोजना को दो जिलों में लागू करने के लिए तैयार हो गई, लेकिन केवल परियोजना और कागजी तैयारी से कोई फर्क नहीं पड़नेवाला था। जिन लोगों के आर्थिक और सामाजिक विकास के लिए परियोजना की जरूरत थी, उन लोगों की सक्रिय सहभागिता के बिना इसे लागू कर पाना संभव नहीं था। विश्वेश्वरैया अब तक अपने अनुभवों से यह बात समझ चुके थे कि जब लोग जागरूक नहीं होते तो उनमें उद्यम का अभाव होता है और अपने हालात को बेहतर बनाने की आकांक्षा नहीं होती, तब बेहतरीन योजना भी नाकाम साबित हो सकती है। महान् प्रतिभा के धनी विश्वेश्वरैया अपने समय से आगे की बातें सोचते थे, जबकि उनके समकालीन लोग मंथर गति से विचार करने में मग्न रहते थे। वे जिस तरह के सकारात्मक परिवर्तन का स्वप्न देखते थे, अधिकतर लोग उस स्वप्न को ठीक से समझ पाने में असमर्थ थे।

जुलाई, 1928 में बंगलौर में सांप्रदायिक संघर्ष फैला था। महाराजा के विशेष अनुरोध पर विश्वेश्वरैया जाँच समिति की अध्यक्षता करने के लिए सहमत हो गए थे। विश्वेश्वरैया ने तीन-चार महीने तक गवाहों से बातचीत करने के बाद रिपोर्ट पेश की। जाँच समिति के नतीजे पर जनता ने भरोसा किया था, क्योंकि उसकी अध्यक्षता विश्वेश्वरैया जैसे व्यक्ति कर रहे थे।

□

सलाहकार और समितियों के सदस्य की भूमिका में

सरकारों, नगर पालिकाओं और राज्य सरकारों के अनुरोध पर परामर्शदाता इंजीनियर और सलाहकार के रूप में विश्वेश्वरैया ने जो अहम भूमिका निभाई, उसे भुलाया नहीं जा सकता। बंबई और कराची की नगर पालिकाओं ने उनसे प्रशासन, नागरिक सुविधाओं में सुधार, वित्त और प्रगति के बारे में परामर्श देने का अनुरोध किया था। इन मामलों में वित्तीय संसाधनों में सुधार करने और नागरिक सुविधाओं का विस्तार करने का परामर्श उन्होंने दिया था। नागरिक प्रशासन में सुधार की योजना बनाते समय विश्वेश्वरैया के जेहन में अमेरिका और यूरोप के विकसित शहर होते थे। 1908 में जब उन्होंने यूरोप की यात्रा की थी, तब वे बाहर विकसित शहरों में गए थे और उन शहरों की उन्नत नाला प्रणाली देखकर काफी प्रभावित हुए थे। ''मुझे मिलान, डसेलडोर्फ, लंदन और पेरिस के भूमिगत नालों में उतरकर उनके डिजाइन एवं निर्माणकला का करीब से मुआयना करने का मौका मिला था। उनमें से कुछ नाले जमीन के भीतर 40 फुट नीचे थे। इस तरह के मुआयने के दौरान नाले के भीतर रोशनी और हवा का विशेष रूप से प्रबंध किया जाता था।''

पूना शहर में नाला प्रणाली को बेहतर बनाने की योजना उन्होंने 1908 में तैयार की थी। जब वे मैसूर राज्य के चीफ इंजीनियर के पद पर कार्य कर रहे थे, तब उन्होंने मैसूर शहर के लिए नाला प्रणाली की योजना तैयार की थी। जब वे बंबई सरकार के अधीन सेनिटरी इंजीनियर के पद पर कार्य कर रहे थे, तब उन्होंने कई शहरों में उन्नत किस्म की नाला प्रणाली तैयार करने की बुनियाद रख दी थी।

जहाँ तक पेयजल आपूर्ति संबंधी योजनाओं का सवाल है, विश्वेश्त्ररैया ने इस क्षेत्र में अहम भूमिका का निर्वाह किया था, उन्होंने भारत के कई शहरों के लिए पेयजल आपूर्ति की योजना तैयार की थी और उन्हें सफलतापूर्वक क्रियान्वित भी किया था। कई शहरों में उन्होंने पहले से मौजूद पेयजल आपूर्ति प्रणाली में महत्त्वपूर्ण बदलाव किया था और त्रुटियों को सुधारने के लिए कारगर कदम उठाया था।

नौकरीपेशा जीवन के आरंभिक वर्षों में उन्होंने खानदेश में धुलिया, सूरत, पूना, किरकी छावनी, नासिक, धारवाड़, बीजापुर, बेलगाम, कोल्हापुर और अक्कलकोट नगरों के लिए पेयजल आपूर्ति योजना तैयार की थी। उन्होंने ग्वालियर और इंदौर शहर के लिए भी पेयजल आपूर्ति योजना तैयार की थी। वे कई बार ग्वालियर के दौरे पर गए, जहाँ उन्होंने टिगरा बाँध के पुनर्निर्माण और सिंचाई परियोजना क्रियान्वित करने के लिए उपयोगी परामर्श दिया। जिस स्वचालित जलद्वार का प्रयोग उन्होंने पहले खडकवासला में किया था, उसी का प्रयोग टिगरा बाँध के सरप्लस वीयर में किया गया। नागपुर शहर के लिए भी उन्होंने अनूठी योजना तैयार की। गोवा, राजकोट और भावनगर जैसे शहरों में उनके परामर्श के आधार पर योजनाएँ लागू की गईं। उन्होंने बड़ौदा, सांगली, पंढ़रपुर और अहमदनगर में भी योजनाओं को लागू करने में सहायता की।

जब वे बंबई सरकार की नौकरी कर रहे थे, तब इनमें से कई शहर उनके कार्यक्षेत्र के अंतर्गत थे, जबकि कई शहर उनके कार्यक्षेत्र से बाहर थे, जो केंद्रीय प्रांत गुजरात, सिंध और राजपूताना के अंतर्गत थे। जब विश्वेश्वरैया जैसे सामाजिक रूप से प्रतिबद्ध जनहितैषी व्यक्ति रचनात्मक भूमिका निभाते हैं तो निश्चित रूप से उनके द्वारा किए गए कार्यों का लाभ भी चिरस्थायी होता है। विश्वेश्वरैया सच्चे अर्थों में एक लोकसेवक थे, जो जनता की समस्याओं को हल करने के लिए जी-जान से जुटे रहते थे।

महात्मा गांधी के अनुरोध पर विश्वेश्वरैया अप्रैल, 1939 में बाढ़ से तबाह हुए उड़ीसा के अंचल का दौरा करने गए और वहाँ से लौटकर उन्होंने अपनी रिपोर्ट पेश की। उन्होंने सुझाव दिया कि बाढ़ नियंत्रण के उपायों पर विस्तार से विचार करने के लिए एक कमेटी बनाई जाए, मगर वित्त के संकट के कारण कोई ठोस कदम उठा पाना संभव नहीं हो पाया। बाद में विश्वेश्वरैया की रिपोर्ट को ही आधार बनाकर महानदी पर हीराकुंड बाँध का निर्माण किया गया। मद्रास और हैदराबाद के लोक निर्माण विभागों के बीच तुंगभद्रा बाँध को लेकर छिड़े विवाद

को हल करने के लिए 1947 में विश्वेश्वरैया की सहायता ली गई। यह इंजीनियरिंग विषय से जुड़ा मामला था और चीफ इंजीनियरों के बीच आपस में मतभेद पैदा हो गया था। विश्वेश्वरैया ने बातचीत का रास्ता अपनाया और इस तरह विवाद खत्म हो गया।

परामर्शदाता या सलाहकार के रूप में विश्वेश्वरैया की भूमिका की चर्चा करते हुए यह याद रखना होगा कि उन्होंने जनता की मदद के लिए तैयार की गई योजनाओं के संबंध में अपनी राय दी और जनता को खुशहाल बनाने के उद्देश्य से उन्होंने हमेशा काम किया। वे नागरिक जीवन को उन्नत बनाने के लिए लगातार काम करते रहे। उनका काम समाज के किसी वर्ग विशेष की सेवा करना नहीं था, बल्कि उनकी आँखों के सामने हमेशा देश की दुखियारी जनता का चित्र कौंधता रहता था। वे भारत को यूरोप या अमेरिका की तरह विकसित राष्ट्रों की कतार में देखना चाहते थे। भले ही किसी स्थान पर उनकी योजना तत्काल नहीं भी लागू हो पाती थी, मगर वे अपनी योजना को इस तरह विस्तृत और ठोस अंदाज में तैयार करते थे कि कभी भी उसके आधार पर कार्य को पूरा कर पाना संभव हो सकता था और सभी पहलुओं पर ध्यान दिया जा सकता था। भारत की निर्धनता को देखकर विश्वेश्वरैया व्यथित रहते थे और इसे एक खुशहाल राष्ट्र बनाने के लिए वे अपनी प्रतिभा और ऊर्जा का सदुपयोग करना चाहते थे।

विश्वेश्वरैया कई समितियों के अध्यक्ष या सम्मानित सदस्य बनाए गए। विलक्षण बुद्धिमत्ता, सजगता, उच्च चारित्रिक गुण, दूसरों को समझने की शक्ति, शांत स्वभाव, विनम्रता, किसी भी समस्या के मूल को समझने की क्षमता, दूसरों के साथ सामंजस्य कायम करने की खूबी, देश-दुनिया के बारे में अगाध ज्ञान—ऐसी कई खूबियाँ उनके व्यक्तित्व में थीं, जिनके कारण वे समितियों के अध्यक्ष के रूप में श्रेष्ठ प्रदर्शन कर पाते थे। किसी जाँच समिति के अध्यक्ष के रूप में यात्रा करते समय, गवाहों से बातचीत करते हुए, साक्ष्यों की जाँच कर रहे होते थे या किसी मुद्दे की पड़ताल करते हुए उनका ध्यान पूरी तरह उद्देश्य पर केंद्रित होता था। दूसरे शब्दों में कहा जाए तो वे सत्य का पता लगाने के लिए पूरी तरह एकाग्र होकर कार्य करते थे और उस समय उन्हें दूसरी बातों का ख्याल नहीं रह पाता था। इससे पता चलता है कि उनके भीतर किस तरह न्यायप्रियता और उत्तरदायित्व की भावना कूट-कूटकर भरी हुई थी। उन्हें इस बात की चिंता नहीं रहती थी कि उनके सुझाव पर अमल किया जाएगा अथवा नहीं। वे अपने दायित्व का पालन निष्ठा और लगन के साथ करते थे। वे कोई कार्य स्वीकार करने से पहले उस पर विचार करने के

लिए थोड़ा वक्त ले सकते थे, सुविधाओं और शर्तों की चर्चा कर सकते थे—ऐसा करते हुए वे पैसे की बात नहीं करते थे, बल्कि कार्य की शर्तों की बात करते थे—लेकिन जब वे किसी कार्य को पूरा करने का दायित्व स्वीकार कर लेते थे तो फिर उत्साह, निष्ठा और समर्पण भाव के साथ उसे पूरा करने में जुट जाते थे। यही उनके व्यक्तित्व की सबसे अहम खूबी थी।

जब 1921-22 में बंबई में तकनीकी एवं औद्योगिक शिक्षा की संभावनाओं पर विचार करने के लिए एक समिति गठित की गई तो उन्हें इसका अध्यक्ष बनाया गया। इस समिति के सुझाव प्रस्तुत किए जाने के बाद मॉन्टेग्यू-चेम्सफोर्ड सुधार लागू किए गए और एक कांग्रेसी नेता को बंबई का शिक्षा मंत्री बनाया गया। समिति में दस यूरोपीय और सात भारतीय सदस्य शामिल किए गए थे। समिति को महत्त्वपूर्ण दायित्व सौंपा गया था। समिति से कहा गया था कि वह उद्योगपतियों और विशेषज्ञों को ध्यान में रखते हुए तकनीकी शिक्षा का ताना-बाना तैयार करे, ताकि कारोबार जगत में प्रमुख कार्यकारी अधिकारियों की नियुक्ति संभव हो सके, प्रेसीडेंसी के विभिन्न उद्योगों और अन्य कारोबारों में तकनीकी सहायकों, सुपरिंटेंडेंट, फोरमेन आदि पदों पर नियुक्तियाँ की जा सके।

इस समिति ने भाईचारे के माहौल में एक वर्ष तक काम किया। विश्वेश्वरैया ने बताया कि बंबई के तत्कालीन गवर्नर लॉर्ड जॉर्ज लॉयड ने एक निजी मुलाकात में उन्हें नसीहत दी थी कि वे केवल प्रशिक्षणार्थियों के चयन का सुझाव देने तक ही अपने दायित्व को सीमित रखें। विश्वेश्वरैया ऐसी नसीहत को कहाँ माननेवाले थे। समिति के भारतीय सदस्यों ने सर्वसहमति से बंबई प्रेसीडेंसी में एक तकनीकी संस्थान की स्थापना करने और बड़े पैमाने पर तकनीकी शिक्षा व्यवस्था लागू करने का प्रस्ताव प्रस्तुत किया। यूरोपीय सदस्य इस प्रस्ताव को मानने के लिए तैयार नहीं थे। समिति में बहुसंख्यक होने के नाते उन्होंने अपनी सुविधा के अनुसार प्रस्ताव में संशोधन कर दिया था।

विश्वेश्वरैया को दी गई गवर्नर की नसीहत से ही स्पष्ट हो गया था कि अंग्रेज सरकार किसी भी सूरत में उच्च तकनीकी शिक्षा प्रणाली लागू करने संबंधी किसी भी सुझाव पर अमल करने के लिए तैयार नहीं थी। इसके बावजूद विश्वेश्वरैया हिम्मत हारनेवाले नहीं थे। जब उनके प्रस्ताव पर सरकार ने अमल नहीं किया तो विश्वेश्वरैया को ऐसा लगा मानो साल भर की मेहनत यूँ ही बरबाद हो गई हो। इस बात को लेकर जनता के बीच भी क्षोभ का भाव बढ़ता चला गया। सरकार की आलोचना होने लगी कि उसने समिति की रिपोर्ट को ठंडे बस्ते में डाल दिया था।

बंबई विश्वविद्यालय ने रिपोर्ट को देखने की इच्छा जाहिर की और कहा कि अगर संभव होगा तो वह अपने संसाधनों के जरिए इसके कुछ सुझावों को क्रियान्वित करने की कोशिश करेगा। रिपोर्ट में एक सुझाव विश्वविद्यालय में तकनीकी संकाय की स्थापना करने के संबंध में था, साथ ही बंबई में एक प्रौद्योगिकी कॉलेज की स्थापना करने की सलाह भी दी गई थी। मार्च, 1930 में बंबई विश्वविद्यालय की शैक्षणिक परिषद् ने एक सुझाव को स्वीकार करते हुए विश्वविद्यालय में रासायनिक तकनीक विभाग खोलने का निर्णय लिया और इसकी विस्तृत योजना बनाने के लिए विश्वेश्वरैया की अध्यक्षता में एक समिति का गठन किया। यह विश्वेश्वरैया के लिए सुखद बात थी। अब वे नई समिति के जरिए रासायनिक उद्योगों की स्थापना से जुड़ी संभावनाओं की भी पड़ताल कर सकते थे। इस समिति में सात भारतीय और तीन यूरोपीय सदस्य शामिल किए गए। सदस्य चयन के अनुपात से सरकारी नजरिए के बदलाव को महसूस किया जा सकता था। इस बात पर ध्यान दिया गया था कि समिति में विशेषज्ञ और उद्योगपतियों को ही सदस्य बनाया जाए। छह महीने तक कार्य करने के बाद समिति ने सर्वसम्मति से अपनी रिपोर्ट प्रस्तुत कर दी। विश्वविद्यालय ने रिपोर्ट को स्वीकार कर लिया और बंबई में एक केमिकल टेक्नोलॉजी इंस्टीट्यूट की स्थापना की गई। इस योजना को स्वीकार कर बंबई विश्वविद्यालय ने साहसपूर्ण कदम उठाया था। उस समय कई दानदाताओं ने इस योजना को सफल बनाने के लिए खुलकर आर्थिक सहायता की थी। पहले बंबई के फोर्ट इलाके में इंस्टीट्यूट की स्थापना की गई, जिसे बाद में माटुंगा इलाके में स्थानांतरित कर दिया गया।

1938 में सिंचाई नीति और उससे संबंधित सभी विवादों पर विचार करने के लिए बंबई सरकार ने एक समिति बनाई। समिति में सरकारी एवं गैर-सरकारी दस सदस्यों को शामिल किया गया और विश्वेश्वरैया को इसका अध्यक्ष बनाया गया। सरकारी सदस्यों में परिषद् अधिकारी एवं विभागीय प्रमुख शामिल थे। समिति ने मामले का व्यापक रूप से अध्ययन किया। अलग-अलग उद्देश्यों से आवंटित किए जा रहे पानी की नीति का जायजा लिया गया, वहीं जलजमाव की समस्या को हल करने के बारे में विचार किया गया। समिति को अपना अध्ययन पूरा करने में पाँच महीने का समय लगा। लोगों ने प्रश्नावली के आधार पर जवाब दिए थे। इसके अलावा सुझावों को भी सिलसिलेवार ढंग से दर्ज किया गया था। गवाहों से पूछताछ की गई थी और कई क्षेत्रों की यात्रा भी की गई थी। बंबई प्रेसीडेंसी में सिंचाई प्रणाली से संबंधित रिपोर्ट समिति ने सरकार को सौंप दी थी। इसमें पानी

के समान वितरण, पर्यवेक्षण, नहरों पर नियंत्रण, आकलन की विधि और अन्य दूसरे मुद्‌दों पर उपयोगी सुझाव दिए गए थे।

रिपोर्ट के जरिए सिंचाई के लिए 'ब्लॉक प्रणाली' लागू करने का सुझाव दिया गया था। इसके जरिए ज्यादा-से-ज्यादा गाँवों तक सिंचाई का लाभ पहुँचाया जा सकता था। इसके साथ-साथ प्रत्येक गाँव में जमीन और परिस्थिति के आधार पर सिंचाई व्यवस्था को निश्चित सीमा तक केंद्रित किया जा सकता था। इस तरह पानी की फिजूलखर्ची पर अंकुश लगाया जा सकता था और नहरों के प्रबंधन को आसान भी बनाया जा सकता था। रिपोर्ट में पानी को मापने के बाद वितरित करने का सुझाव दिया गया था और मापने का सटीक तरीका भी सुझाया गया था। समिति ने सिंचाई के क्षेत्र में निरंतर शोध को जारी रखने की सलाह देते हुए एक शोध संस्थान बनाने का माँग की थी।

समिति के सुझावों का मकसद था सरकारी अधिकारियों और किसानों को एक दूसरे के करीब लाना, ताकि दोनों पक्ष एक-दूसरे को अच्छी तरह समझ सकें और सौहार्द्रपूर्ण वातावरण में अपने-अपने हितों के लिए काम कर सकें। किसानों को नसीहत दी गई थी—'सोचें, योजना बनाएँ, अपने कार्यों का स्वयं ही प्रबंधन करें और सहयोग की भावना से कार्य करने की आदत डालें।' यह एक ऐसा सबक था जिसके जरिए किसान पैदावार को बढ़ा सकते थे और अपने आपको स्वावलंबी भी बना सकते थे। इसके अलावा समिति प्रांत में सिंचाई के अध्ययन की जरूरत को भी रेखांकित करना चाहती थी।

प्रांतीय सिंचाई बोर्ड नामक एक सांगठनिक ढाँचा तैयार करने का सुझाव दिया गया, जिसमें सरकारी और गैर-सरकारी सदस्यों के अलावा कर्मचारियों को भी नियुक्त किया जा सकता था। इसके अलावा सिंचाई संबंधी शोधकार्य के लिए एक सिंचाई शोध विभाग बनाने का परामर्श भी समिति की तरफ से दिया गया था। इसके साथ ही नहर परामर्श समितियाँ बनाने का सुझाव दिया गया था जिनमें कार्यकारी इंजीनियर को अध्यक्ष बनाकर किसानों के प्रतिनिधियों को सदस्य के रूप में शामिल किया जा सकता था। ये समितियाँ किसानों की सभाएँ आयोजित कर समस्याओं पर विचार कर सकती थीं। इसके अलावा सिंचाई संबंधी आँकड़ों का प्रबंधन करने और नहर पंचायतों का गठन करने का सुझाव भो दिया गया था। ये सभी अत्यंत महत्त्वपूर्ण सुझाव थे और इनका दूरगामी प्रभाव पड़ सकता था। बंबई सरकार ने अधिकतर सुझावों को स्वीकार कर लिया था।

जब भारत की राजधानी को कलकत्ता से दिल्ली स्थानांतरित किया गया,

तब वायसराय निवास, केंद्रीय सरकार के कार्यालय, असेंबली भवन आदि इमारतों के निर्माण के लिए एक कारगर योजना बनाने की जरूरत महसूस की गई। भारत सरकार ने इसके लिए 1922 में न्यू कैपिटल इनक्वायरी कमेटी का गठन किया। सर मैलकम हेली को इस कमेटी का अध्यक्ष और विश्वेश्वरैया को इसका एक सम्मानित सदस्य बनाया गया। कमेटी निर्माणाधीन भवनों का बीच-बीच में मुआयना कर रही थी, इसके साथ ही नई दिल्ली की नाला प्रणाली एवं अन्य विस्तार योजनाओं की समीक्षा भी कर रही थी।

मॉन्टेग्यू-चेम्सफोर्ड सुधार के तहत गठित सेंट्रल असेंबली उद्योग संबंधी आँकड़ों का संग्रह कर आम जनता तक पहुँचाना चाहती थी। इसी मकसद से 1925 में भारत सरकार ने इकोनोमिक इनक्वायरी कमेटी का गठन किया। पंडित हरिकिशन कौल इसके सदस्य थे। प्रोफेसर बर्नेट हर्स्ट इसके सदस्य सचिव थे। विश्वेश्वरैया को कमेटी का अध्यक्ष बनाया गया था। ब्रिटिश भारत की विभिन्न श्रेणी की जनता की आर्थिक स्थिति को निर्धारित करने का लक्ष्य कमेटी को सौंपा गया था। उसे तय करना था कि उपलब्ध सामग्रियों का इस्तेमाल अवाम की बेहतरी के लिए किस तरह किया जा सकता था। इसके अलावा देश भर में आम आर्थिक सर्वेक्षण को सफल बनाने की योजना भी कमेटी को ही तैयार करनी थी। इसका मतलब था कि कमेटी को बड़े पैमाने पर सूचनाओं का संग्रह करना था। कमेटी के सदस्यों ने भारत के विभिन्न हिस्सों का दौरा किया। वे बर्मा के दौरे पर भी पहुँचे, जो उस समय भारत का ही हिस्सा था। सात महीने की मेहनत के बाद एक रिपोर्ट तैयार की गई। प्रोफेसर हर्स्ट ने रिपोर्ट के प्रति अपनी असहमति दर्ज करवाई थी।

यह रिपोर्ट खुलासा कर रही थी कि देश में जनता की जैसी वास्तविक स्थिति थी, उसकी तुलना में जो आँकड़े सरकार के पास मौजूद थे, वे आधे-अधूरे और भ्रामक थे। रिपोर्ट में सुझाव दिया गया था कि उत्पादन, आय, श्रम, मजूरी, मूल्य, जीवन स्तर की लागत का सूचकांक और अन्य मुद्दों के संबंध में सटीक आँकड़े का संग्रह किया जाए, फिर उनको प्रकाशित किया जाए। रिपोर्ट में सुझाव दिया गया था कि एक विधेयक के जरिए एक सांख्यिकी संगठन का गठन किया जाए, जिसकी शाखाएँ प्रांतों में बनाई जाएँ। आँकड़ों को जुटाने का कार्य बड़े पैमाने पर एक-दूसरे के साथ सहयोग करते हुए पूरा किया जाए। विश्वेश्वरैया अच्छी तरह जानते थे कि ब्रिटेन में आँकड़ों का इस्तेमाल सार्वजनिक जीवन के प्रत्येक क्षेत्र में असरदार तरीके से किया जाता था। इसी जानकारी के आधार पर उन्होंने

भारत में भी जीवन के प्रत्येक क्षेत्र में आँकड़ों के इस्तेमाल पर जोर दिया था। वायसराय लॉर्ड रीडिंग इस रिपोर्ट को पढ़कर काफी प्रभावित हुए थे और उन्होंने उसे विचार करने के लिए सेंट्रल लेजिस्लेटिव एसेंबली के पास भेज दिया था, लेकिन पर्याप्त वित्त उपलब्ध नहीं होने के कारण सरकार की रिपोर्ट की सिफारिशों पर अमल करने में सक्षम नहीं हो पाई।

विश्वेश्वरैया मानते थे कि इंग्लैंड और अमेरिका जैसे विकसित देशों में भी अधिक-से-अधिक सटीक आँकड़ों को जुटाने की माँग होती रहती है। भारत जैसे निर्धन देश में आँकड़ों को जुटाने जैसे महत्त्वपूर्ण कार्य को नजरअंदाज नहीं किया जा सकता। उनका मानना था कि सांख्यिकी संग्रह कार्य को जमीनी स्तर से शुरू कर ठोस मुकाम तक पहुँचाया जा सकता था। उनका कहना था कि आँकड़ों के आधार पर प्रशासन हालात को आसानी से समझ सकता था और किसी भी मसले से निबटने के लिए सार्थक कदम उठा सकता था। जब वे मैसूर के दीवान के पद पर कार्य कर रहे थे, तब अपने स्तर पर जुटाए गए आँकड़ों के आधार पर ही वे परियोजनाएँ तैयार करते थे। उसी समय उनकी समझ में आ गया था कि ठीक से प्रशासन चलाने के लिए आँकड़ों का संग्रह करना कितना महत्त्वपूर्ण कार्य था।

बंबई में 'बैक वे रिक्लेमेशन स्कीम' के तहत मुख्य शहर के मैरीन ड्राइव वाले इलाके से मालाबार हिल इलाके और चौपाटी से कोलाबा तक के इलाके को शामिल किया गया और इसके लिए समुद्र के पानी को पीछे धकेला गया। पानी को धकेलने के बाद जो भूमि क्षेत्र उभरकर सामने आया, वह काफी कीमती था। इस क्षेत्र में बाद के वर्षों में बड़े पैमाने का निर्माण कार्य किया गया, लेकिन जब इसका वास्तविक कार्य शुरू किया गया, तब प्रेस और अन्य मंचों की तरफ से इस योजना के नाम पर भ्रष्टाचार और गलत प्रबंधन के आरोप लगाए गए। बंबई प्रेसीडेंसी के तत्कालीन गवर्नर लॉर्ड लॉयड ने उल्लेख किया था कि उस समय नरीमन और भरुचा जैसे नेताओं की अगुवाई में लोग भ्रष्टाचार का आरोप लगा रहे थे।

उस समय प्रेस पर कई तरह की पाबंदियाँ थीं, इसके बावजूद लोग खुलकर इस योजना में बरते गए भ्रष्टाचार के खिलाफ आवाज बुलंद कर रहे थे। लोग प्रशासन के उच्च स्तर के लोगों के खिलाफ धांधली करने के आरोप लगा रहे थे। लॉर्ड लॉयड कर्जन की तरह सख्त और अहंकारी मिजाज के गवर्नर थे। उसके बारे में प्रिंस ऑफ वेल्स ने कहा था, 'मैं तब तक वफादारी का मतलब ठीक से नहीं समझता था, जब तक मेरे चचेरे भाई लॉयड ने इसे प्रदर्शित कर दिखा नहीं दिया।'

वर्ष 1926 में भारत सरकार ने बैक वे इनक्वायरी कमेटी का गठन किया।

इलाहाबाद हाईकोर्ट के चीफ जस्टिस सर ग्रीमवुड मीयर्स को इसका अध्यक्ष बनाया गया। इसमें दो भारतीय सदस्यों में एक विश्वेश्वरैया थे। तीसरे सदस्य के रूप में एक यूरोपीय व्यक्ति को शामिल किया गया था, जो मिस्र में काम कर चुका था। कमेटी का सचिव आईसीएस कैडेट का एक यूरोपीय अधिकारी था। कमेटी को 'बैक वे रिक्लेमेशन स्कीम' की तैयारी और क्रियान्वयन की प्रक्रिया की पड़ताल करनी थी और भविष्य में उठाए जानेवाले कदमों के बारे में सुझाव देना था। परियोजना से जुड़े एक यूरोपीय ठेकेदार समेत कई गवाहों के बयान कमेटी ने दर्ज किए। कमेटी की बैठक लंदन में भी हुई। एक बार ब्रिटिश संसद् के एक कक्ष में बैठक आयोजित की गई। लॉर्ड लॉयड उस समय मिस्र में उच्चायुक्त के पद पर कार्य कर रहे थे और उन्हें गवाही के लिए बुलाने में परेशानी हो रही थी। ऐसा कहा जाता है कि विश्वेश्वरैया ने लॉयड को एक कठोर पत्र भेजने का सुझाव दिया, जिसमें लिखा जाना था कि उन्हें कमेटी के सामने पेश होने का आखिरी मौका दिया जा रहा था, अगर वे नहीं आएँगे तो उन्हें दोषी घोषित कर दिया जाए। इस तरह का सुझाव देने के लिए साहस और न्यायप्रियता की जरूरत थी। कमेटी ने अपनी रिपोर्ट में सुझाव दिया कि जितना भू-क्षेत्र तैयार हो गया था, उस पर निर्माण कार्यों को जारी रखना चाहिए और काफी कार्य को कुछ दिनों के लिए रोकना चाहिए, साथ ही जो कार्य शुरू नहीं किए गए थे, उनमें से कुछ कार्यों को रोक देना चाहिए।

इसके बाद जिस महत्त्वपूर्ण कमेटी के लिए विश्वेश्वरैया ने काम किया, वह सक्खड़ बैरेज वर्क्स से संबंधित था। बैक वे स्कीम की तरह ही सिंध में सिंध नदी के ऊपर सक्खड़ बैरेज वर्क्स के निर्माण के संबंध में कई शिकायतें की गई थीं और योजना के भविष्य को लेकर सवालिया निशान लगाए थे। बंबई सरकार ने दो भारतीय इंजीनियरों को लेकर एक जाँच कमेटी बनाई थी। कमेटी को पूरे मामले की पड़ताल कर अपनी रिपोर्ट बंबई सरकार को सौंपनी थी और भविष्य में उठाए जानेवाले कदम के बारे में भी सुझाव देना था। विश्वेश्वरैया इस कमेटी के वरिष्ठ सदस्य थे और दूसरे अहमद अली थे, जो बाद में हैदराबाद के चीफ इंजीनियर बने और नवाब अली नवाज जंग के नाम से मशहूर हुए। दोनों सदस्यों ने साढ़े तीन महीने तक मामले की छानबीन की। उन्होंने बैरेज और नहरों का मुआयना किया और इसके बाद अपनी रिपोर्ट बंबई सरकार को सौंप दी। इस रिपोर्ट को बंबई के गवर्नर ने संतोषजनक बताते हुए कमेटी के प्रति आभार व्यक्त किया। उन्होंने कहा कि इस रिपोर्ट की मदद से परियोजना के कार्य को आगे बढ़ाया जा सकता था और

बड़े जनसमुदाय के हितों की सुरक्षा की जा सकती थी।

विश्वेश्वरैया को राजनीतिक मसलों को हल करने के लिए भी आमंत्रित किया जाता था। उनके जीवन में इस तरह के कई प्रसंग आए थे। जब वे मैसूर के दीवान थे तो उन्हें राजकुमारों और दीवानों की एक कमेटी में मैसूर का प्रतिनिधि बनाया गया था। इस कमेटी का काम भारत सरकार के साथ भारतीय राज्यों के संबंध और स्थिति पर विचार करना था। इसके साथ ही किसी भी तरह के राजनीतिक सुधार और स्वतंत्रता में भारतीय जनता की भागीदारी के प्रश्न पर भी इस कमेटी को अपनी राय देनी थी। 1917 में एडविन मॉन्टेग्यू भारत सरकार के सेक्रेटरी थे और उसी दौरान मॉन्टेग्यू-चेम्सफोर्ड सुधारों की सुगबुगाहट शुरू हो चुकी थी। बीकानेर और पटियाला में कमेटी की बैठकें आयोजित की गई थीं। बीकानेर के महाराजा कमेटी के अध्यक्ष थे। सर एस.पी. सिन्हा भी कमेटी के एक सदस्य थे। राजकुमारों की एक परिषद् थी जिसे ब्रिटिश शासित भारतीय राज्यों के जनजीवन या अन्य मामलों से कोई लेना-देना नहीं था, जबकि रियासतें चाहती थीं कि रेलवे, कस्टम आदि समान हितों से संबंधित सभी मामलों में भारत सरकार की नीतियों को निर्धारित करने की प्रक्रिया में उन्हें भी शामिल होने का मौका दिया जाए। वे चाहती थीं कि उनके राज्य के भीतर पूरी तरह स्वायतता बनी रहे और वे ब्रिटिश शासित राज्यों के अंदरूनी मामलों में दखल देने में कोई दिलचस्पी नहीं रखती थीं। विश्वेश्वरैया ने सुझाव दिया कि रियासतों को सुप्रीम लेजिस्लेटिव एसेंबली में प्रतिनिधित्व करने का अवसर दिया जाए, असेंबली की बहसों में शामिल होने का उन्हें मौका दिया जाए और उनकी शिकायतों पर सहानुभूतिपूर्वक विचार किया जाए। हालाँकि उन प्रतिनिधियों के पास दूसरे निर्णयों के संबंध में वोट देने का अधिकार नहीं होगा। विश्वेश्वरैया से हुई बातचीत का हवाला देते हुए दिसंबर, 1917 में मॉन्टेग्यू ने कहा, ''वे लोग मैसूर के दीवान का अनुसरण कर रहे थे, जो मेरे पास कावेरी विवाद की चर्चा करने के लिए आए थे, वे राजाओं को सेकंड चैंबर के साथ जोड़ने की भी बात कर रहे थे। उनकी माँग सही है। हालाँकि चेम्सफोर्ड ने ऐतराज जताया, मगर मैं जातना हूँ कि इस मामले में वे गलत हैं।''

प्रिंस ऑफ वेल्स एडवर्ड 1921 में भारत के दौरे पर पहुँचनेवाले थे। तब तक देश में स्वतंत्रता संग्राम की गतिविधियाँ तीव्र हो चुकी थीं। पंजाब की घटनाओं और खिलाफत आंदोलन के चलते जनता में जागरूकता बढ़ गई थी। जब 17 नवंबर, 1921 को प्रिंस ऑफ वेल्स ने बंबई की धरती पर कदम रखा, उस दिन बंबई में हड़ताल का आह्वान किया गया था, विदेशी वस्त्रों की होली जलाई गई थी,

काफी खूनखराबा हुआ था। कलकत्ता में भी हड़ताल का आह्वान किया गया था। बंगाल सरकार ने कांग्रेस के निर्वाचित अध्यक्ष चितरंजन दास सहित कांग्रेस के तमाम स्वयंसेवकों को गिरफ्तार कर लिया था।

वायसराय चाहते थे कि प्रिंस के भारत प्रवास के दौरान किसी तरह का विरोध प्रदर्शन न हो। इस संबंध में पंडित मदन मोहन मालवीय की राय माँगी गई। जो प्रतिनिधि दल वायसराय से बातचीत करने के लिए गया था, उसमें प्रतिनिधि के रूप में विश्वेश्वरैया को भी शामिल किया गया था। ऐनी बेसेंट भी इस दल में शामिल थीं। राजनीतिक मसले का कोई ठोस हल ढूँढ़ने के लिए गोलमेज सम्मेलन आयोजित करने का प्रयास किया गया था। गांधी ने असहयोग का निर्णय लिया था, मगर वे उन विकल्पों पर बात करने के लिए तैयार थे जिनके जरिए देशवासियों की माँगें स्वीकार की जा सकती थीं। वायसराय ने माँगें मानने का गोलमेज सम्मेलन आयोजित करने का वादा नहीं किया, मगर समाधान की संभावना से इनकार भी नहीं किया। वे प्रिंस के भारत से वापस जाने तक आंदोलन को स्थगित करवाने की कोशिश कर रहे थे। वे नहीं चाहते थे कि प्रिंस की भारत में मौजूदगी के दौरान विरोध तीव्र हो और किसी तरह की अशांति फैले।

मालवीय राष्ट्रीय कांग्रेस की बैठक में भाग लेने और गांधीजी की सलाह लेने के लिए अहमदाबाद पहुँचे। वहाँ एम.आर. जयकर और मोहम्मद अली जिन्ना भी मौजूद थे। उस बैठक में कांग्रेस ने अपने आंदोलन से जुड़ी सभी गतिविधियों को स्थगित रखने का फैसला किया। जनता से स्वयंसेवक दल में शामिल होने और विरोध प्रदर्शन किए बगैर शांतिपूर्वक गिरफ्तारियाँ देने का आह्वान किया गया। कांग्रेस एक देशव्यापी असहयोग आंदोलन शुरू करना चाहती थी, लेकिन मालवीय, जिन्ना और जयकर के अनुरोध पर गांधीजी आंदोलन के उस चरण में भी एक गोलमेज सम्मेलन के आयोजन के पक्ष में सहमत हो गए। बंबई में सर्वदलीय सम्मेलन का आयोजन किया गया। 350 व्यक्तियों को आमंत्रित किया गया था, लेकिन 200 व्यक्ति ही सम्मेलन में शामिल हुए। जिन्ना, जयकर और के. नटराजन सम्मेलन के संयोजक थे और सर सी. शंकरन नैयर ने उसकी अध्यक्षता की थी। सम्मेलन के दूसरे दिन सर नैयर ने अध्यक्ष पद छोड़ने का निर्णय लिया, क्योंकि वे पहले दिन पारित किए गए कुछ प्रस्तावों से सहमत नहीं थे। उनके स्थान पर विश्वेश्वरैया से अध्यक्ष पद का दायित्व स्वीकार करने का अनुरोध किया गया।

सम्मेलन को नरमपंथी गुट के कई प्रभावशाली सदस्यों ने संबोधित किया। ऐसे सदस्यों में ए.पी. मोदी, पंडित एच.एन. कुंजरू, पी. ठाकुरदास और मदन

मोहन मालवीय शामिल थे। गांधीजी से सम्मेलन में अपना पक्ष स्पष्ट करने का अनुरोध किया गया। उन्होंने कहा, ''मैं समझ सकता हूँ कि सरकार को किस तरह की कठिनाइयों का सामना करना पड़ रहा है, मगर उसकी माँग का निहितार्थ दमन की स्थिति को बहाल रखना है। मुझे अपने देशवासियों की सहनशक्ति पर कम भरोसा है, क्योंकि उन्होंने अधिक यंत्रणाओं का सामना नहीं किया है। इसीलिए मेरे मन में अलग तरह के विचार हैं। वायसराय को सूचित किया जा सकता है कि अगर वे एक गोलमेज सम्मेलन आयोजित करना चाहते हैं तो इसकी सूचना जारी कर सकते हैं। सबसे बुरा यही हो सकता है कि धरती से हमारा वजूद मिट जाए, स्वतंत्र हवा में सांस लेने का अवसर न मिले तो मैं धरती से अपने वजूद को मिटाने के लिए तैयार हूँ।''

सम्मेलन में विश्वेश्वरैया की अध्यक्षता में एक 21 सदस्यीय कमेटी गठित करने का प्रस्ताव पारित किया गया और इस कमेटी को सरकार तथा अन्य महत्त्वपूर्ण राजनीतिक संगठनों के साथ बातचीत करने का दायित्व सौंपा गया, ताकि गोलमेज सम्मेलन के आयोजन के बारे में सहमति बनाई जा सके और जरूरत पड़ने पर प्रतिनिधियों का दूसरा सम्मेलन आयोजित किया जा सके। सम्मेलन में पारित प्रस्तावों को गांधीजी ने मंजूरी दे दी और कांग्रेस कार्यकारिणी समिति ने प्रस्तावों को स्वीकार कर लिया। वायसराय ने इन प्रस्तावों की तरफ गौर करने की जरूरत महसूस नहीं की, लेकिन जब गांधीजी की तरफ से वायसराय को चेतावनी दी गई तो सम्मेलन के संयोजकों से कहा गया कि आगे कोई बातचीत नहीं हो सकती थी। इसके बाद भयंकर नतीजे सामने आए, चौरी चौरा कांड, बारदोली सत्याग्रह, सविनय अवज्ञा कार्यक्रम और गांधीजी की गिरफ्तारी—इन घटनाओं की वजह से कमेटी ने आगे कोई प्रयत्न करना छोड़ दिया।

1917 में विश्वेश्वरैया रियासतों के हितों की सुरक्षा के लिए आयोजित युवराजों और दीवानों के सम्मेलन में शामिल हुए थे। 1929 में वे दक्षिण भारतीय रियासत जन सम्मेलन की अध्यक्षता करने के लिए तैयार हो गए थे। 14 और 15 जनवरी, 1929 को त्रिवेंद्रम में मैसूर, हैदराबाद, पुडुकोटा, कोचीन और त्रावणकोर के प्रतिनिधि सम्मेलन में शामिल हुए थे। भारत के आकार की तुलना में देशी रियासतों का आकार एक तिहाई था। ब्रिटिश और रजवाड़ों के अधीन 600 रियासतें थीं। वैसी स्थिति में रजवाड़ों को अपने अधिकारों और आजादी की सुरक्षा स्वाभाविक रूप से थी। वे भारत के भविष्य में कायम होनेवाले किसी भी प्रशासनिक ढाँचे में अपने वजूद की सुरक्षा सुनिश्चित करना चाहते थे। वे किसी भी हालत में दोहरी

गुलामी बरदाश्त करने के लिए तैयार नहीं थे और ब्रिटिश प्रांत के नागरिकों के समान ही स्वतंत्रता का स्वाद चखना चाहते थे। राज्यों की तुलनात्मक स्थिति और राजाओं की आशाओं-आकांक्षाओं पर विचार करना जरूरी हो गया था। विश्वेश्वरैया ने जिस संवैधानिक सुधार का संकेत दिया था, उसके तहत ब्रिटिश शासित राज्यों के अलावा रियासतों पर भी ब्रिटिश कानून को लागू करने का प्रस्ताव था। एक ज्ञापन में विषयों से संबंधित समिति ने जो सुझाव प्रस्तुत किए थे, उन्हें सम्मेलन में स्वीकार कर लिया गया था और आगे कदम उठाने के लिए सत्रह सदस्यीय कार्यकारी समिति बनाई गई थी।

बंगलौर में इंडियन इंस्टीट्यूट ऑफ साइंस की स्थापना के समय से ही विश्वेश्वरैया उसकी प्रगति में रुचि ले रहे थे। बीसवीं शताब्दी के आरंभ में ही एक ऐसे संस्थान की जरूरत महसूस की गई थी, जो पूरी तरह शोध के प्रति समर्पित हो। मैसूर सरकार ने इस संस्थान के निर्माण के लिए भूमि आवंटित की और इसके संचालन के लिए सालाना अनुदान देने की घोषणा की।

विश्वेश्वरैया जहाँ इस संस्थान के प्रबंधन के साथ जुड़े थे, वहीं संस्थान की नीतियों का निर्धारण करने में भी उन्होंने अहम भूमिका निभाई थी। वे 1938 से नौ वर्षों तक संस्थान के पुनर्गठित कोर्ट के अध्यक्ष रहे। 1947 में अन्य कार्यों का दबाव और बिगड़ती सेहत का हवाला देकर वे इस पद से स्वैच्छिक रूप से निवृत्त हो गए।

विश्वेश्वरैया मानते थे कि किसी भी शैक्षणिक प्रणाली के तहत विज्ञान के अध्ययन एवं शोध पर सबसे अधिक ध्यान देना चाहिए। प्रतिभाशाली युवाओं और अध्यापकों को ऐसे संस्थान में निरंतर आने के लिए और शोध करने के लिए प्रेरित करना चाहिए। इस तरह शोध का माहौल तैयार किया जा सकता है। उद्योग एवं अन्य क्षेत्रों से संबंधित विज्ञान के विविध क्षेत्रों में नई खोज की जा सकती है।

जब विश्वेश्वरैया इंस्टीट्यूट के कोर्ट के अध्यक्ष थे, तब उन्होंने इंस्टीट्यूट की कार्यप्रणाली को नई दिशा प्रदान करने में महत्त्वपूर्ण भूमिका का निर्वाह किया। उन्होंने विशुद्ध और एप्लाइड शोधों के बीच तालमेल कायम करने का प्रयास किया। पावर इंजीनियरिंग, केमिकल इंजीनियरिंग, एयरोनॉटिक्स आदि नए विभाग उनके कार्यकाल में ही खोले गए। 28 जुलाई, 1924 को इंस्टीट्यूट की काउंसिल की सभा में विश्वेश्वरैया ने यादगार भाषण दिया था। उन्होंने कहा था, "जब राज्य सरकार ने इंस्टीट्यूट खोलने के लिए उदारतापूर्वक जमीन और 5 लाख रुपए मुहैया करवाए, तब उम्मीद की गई थी कि बंगलौर में इंस्टीट्यूट की स्थापना होने

से मुख्य उद्योगों से संबंधित तकनीकी समस्याओं का हल ढूँढ़ने में इंस्टीट्यूट के जरिए सहायता मिलेगी। अब तक किए गए कार्यों से न तो उद्योगों को लाभ पहुँचा है और न ही हमारी जनता को शिक्षित बनाने में सफलता मिली है। मूल लक्ष्यों को पूरा करने के लिए नए सिरे से प्रयास करने की जरूरत है।''

इस इंस्टीट्यूट की स्थापना टाटा परिवार की सदाशयता और दूरदर्शिता के कारण संभव हो पाई थी। टाटा परिवार ने इंस्टीट्यूट के साथ दीर्घकालीन, उपयोगी एवं विवेकपूर्ण रिश्ता बनाए रखने के लिए विश्वेश्वरैया के प्रति आभार प्रदर्शित किया था। इस आशय का एक प्रस्ताव 28 जून, 1947 को उनके पास भेजा गया था। विश्वेश्वरैया टाटा के इस्पात कारखाने से जुड़े थे और कुछ समय तक उन्होंने परामर्श देने का काम किया था। वे 28 वर्षों तक बंबई की टाटा आयरन एंड स्टील कंपनी के निदेशकों में से एक थे और 1955 में अपनी मर्जी से इस पद के दायित्व से मुक्त हो गए थे। देश के औद्योगिक विकास के क्षेत्र में उनके उल्लेखनीय योगदान की सराहना टाटा आयरन एंड स्टील कंपनी के उपाध्यक्ष ने की थी। जब भी कोई आला दर्जे का निर्माण कार्य शुरू होता या राष्ट्रीय मार्ग अथवा पुल का निर्माण शुरू किया जाता, सबसे पहले विश्वेश्वरैया की सलाह ली जाती थी। उनकी सलाह सबके लिए उपयोगी साबित होती थी, क्योंकि वे अपना काम अच्छी तरह जानते थे और किसी भी तरह के दबाव या प्रभाव में आए बगैर तटस्थ होकर अपनी राय व्यक्त कर सकते थे।

उद्योगपतियों के एक समूह ने उनसे ऑल इंडिया मैन्यूफैक्चरर्स ऑर्गेनाइजेशन का उद्घाटन करने का अनुरोध किया। जब उन्हें इस संबंध में पूरी तरह आश्वस्त किया गया कि संगठन दिखावे के लिए काम नहीं करेगा, बल्कि समर्पित होकर जनहित के लिए काम करेगा, तभी जाकर उन्होंने उद्घाटन की जिम्मेदारी स्वीकार की। बाद में वे कई वर्षों तक इस संगठन के अध्यक्ष भी रहे थे। इस पद पर रहते हुए ही उन्होंने भारत के लिए ग्रामीण औद्योगीकरण की रूपरेखा तैयार की थी। 1946 में वे संगठन के प्रतिनिधिमंडल के सदस्य के रूप में ब्रिटेन, अमेरिका और कनाडा की यात्रा पर गए, जहाँ उन्होंने कई उद्योगों का जायजा लिया। अध्यक्ष के तौर पर विश्वेश्वरैया बंबई के उद्योगपतियों के लिए मित्र और मार्गदर्शक की भूमिका निभाते रहे थे।

□

विकास के लिए विदेश यात्राएँ

बचपन से ही विश्वेश्वरैया दुनिया के विकसित देशों की सैर करने के बारे में सोचा करते थे। वे उन देशों में जाकर उनकी खुशहाली और कार्यशैली का रहस्य सीखना चाहते थे। उन देशों में शक्ति, दक्षता, ऊर्जा, आत्मविश्वास और उद्यमशीलता जैसी खूबियाँ थीं, जिनके बलबूते पर वे देश आधी दुनिया के मालिक बन बैठे थे। औद्योगिक-प्रौद्योगिकी के क्षेत्र में दक्षता, मशीनों और उपकरणों का प्रयोग, योजना बनाने की क्षमता और बड़े-बड़े उद्योगों की सहायता से वे देश अपने उत्पादों को दुनिया भर के बाजारों में बेच रहे थे। ऐसे देशों की इज्जत दुनिया भर में की जाती थी और उनकी खुशहाली को प्रेरक बताया जाता था। पचास वर्ष या उससे भी कम समय के भीतर जर्मनी और जापान ने मेहनत और लगन से प्रयास करते हुए अपने आपको महान् और शक्तिशली देशों की कतार में शामिल कर लिया था। इसी तरह भारत भी अपनी शक्ति को बढ़ा सकता था। भारत आकार और आबादी के मामले में पूरे यूरोप के बराबर था, भारत की सांस्कृतिक उपलब्धियों का इतिहास विश्व में सबसे अधिक समृद्ध था। इसके बावजूद भारत निर्धन और कमजोर क्यों बना हुआ था? यही एक सवाल था, जो वे अपने आपसे पूछा करते थे। उन्होंने छह बार विदेश यात्राएँ कीं। वे पाँच बार अमेरिका गए और दो बार जापान गए।

1898 में जब वे बंबई सरकार की नौकरी कर रहे थे, तब पहली बार वे जापान की यात्रा पर गए थे। वे प्रगति के पथ पर अग्रसर एक राष्ट्र की जीवनशैली का अध्ययन करना चाहते थे। अपने उद्देश्य के प्रति समर्पित होकर जापानियों ने अपने देश का अनूठा विकास करते हुए दुनिया भर में अपनी साख कायम की थी। जापान के विकास को देखकर जो प्रभाव विश्वेश्वरैया के मन पर पड़ा था, उसका उन्होंने बाद में इस तरह वर्णन किया था—

"मैंने वहाँ जाकर देखा कि दूरदर्शी और नवीन विचारोंवाले राजनेताओं ने इंग्लैंड और अमेरिका का दौरा किया था और अपने देश में प्रशासन तथा व्यापार को उच्च स्तर तक ले जाने के लिए नए विचार, प्रस्ताव और योजनाएँ लेकर वापस लौटे थे। प्रत्येक मंत्री के पास कोई-न-कोई नवीन विचार था। उन्होंने अपने देश में आदर्श प्रशासन कायम करने के लिए ऐसे विचारों का इस्तेमाल आधार के रूप में किया।"

भारत लौटकर विश्वेश्वरैया ने जापान के अनुभवों के आधार पर एक पुस्तक की रचना की, मगर ब्रिटिश सरकार की नौकरी करने के कारण विश्वेश्वरैया अपने राजनीतिक विचारोंवाली पुस्तक को प्रकाशित नहीं कर सकते थे, इसलिए उन्होंने उसे प्रकाशित करने का विचार छोड़ दिया।

बंबई प्रेसीडेंसी की नौकरी छोड़ने के बाद और हैदराबाद की नौकरी स्वीकार करने से पहले विश्वेश्वरैया दूसरी बार विदेश यात्रा पर निकले। इटली, यूरोप के विभिन्न हिस्सों, अमेरिका और कनाडा में विश्वेश्वरैया को जलापूर्ति, बँध, नाला निर्माण, सिंचाई आदि के क्षेत्र में इंजीनियरिंग की दृष्टि से हुए विकास का अध्ययन करने का अवसर मिला। लंदन को केंद्र बिंदु बनाकर उन्होंने यूरोप के कई हिस्सों की यात्रा की। मिलान शहर में उन्हें भूमिगत नाले के भीतर जाकर निरीक्षण करने का मौका मिला। उन्होंने रूस और स्वीडन की यात्रा की। उन्हें लगा कि स्वीडन, डेनमार्क और हॉलैंड जैसे देश भी काफी प्रगति कर चुके थे।

अमेरिका में विश्वेश्वरैया ने आर्थिक प्रगति का अध्ययन किया और अमेरिका की स्थिति के साथ भारत की स्थिति की तुलना की। वे डेट्रायट में स्थित फोर्ड कारखाने में ऑटोमोबाइल उत्पादन की प्रक्रिया को करीब से देखने के लिए गए। उन्होंने कनाडा के ओटावा और टोरंटो शहरों का दौरा किया।

मैसूर सरकार की सेवा से मुक्त होने के बाद 1919 में विश्वेश्वरैया ने तीसरी बार विदेश यात्रा की। बंबई के दो कपड़ा व्यापारी सर विट्ठलदास डी. ठाकरसे और एम. खटाउ विश्व भ्रमण पर निकलनेवाले थे और विश्वेश्वरैया उनके आधा दर्जन मित्रों में से एक थे, जो उस यात्रा में शामिल हो रहे थे। वे पहले जापान पहुँचे। जहाँ विश्वेश्वरैया तकरीबन तीन महीने तक रहे। शिक्षा, उद्योग और वाणिज्य के क्षेत्र में जापान की असाधारण प्रगति को देखकर वे अभिभूत हो उठे थे। जापान की पहली यात्रा के समय भी वे काफी प्रभावित हुए थे। अमेरिका जाते हुए वे कनाडा के विक्टोरिया नगर में रुके थे, जहाँ उन्होंने एक विशाल लकड़ी मिल का

मुआयना किया था। उस मिल में पानी की धारा के जरिए लकड़ी पहुँचाई जाती थी, फिर अलग-अलग आकार में काटकर लकड़ियों को मालगाड़ी में लाद दिया जाता था। इस तरह कम-से-कम श्रम का प्रयोग करते हुए और अधिक-से-अधिक मशीनी प्रक्रिया का सहारा लिया जाता था। यह कार्य कम लागत में दक्षता और तीव्रता के साथ किया जाता था। देश के दूर-दराज के इलाकों में लकड़ियाँ समय पर पहुँचाई जाती थीं। यह सब देखकर विश्वेश्वरैया अत्यंत प्रभावित हुए। वे नई तकनीक को गौर से समझने की कोशिश करते थे। उन्हें विकास का यात्री कहा जा सकता था। वे अपने देश में चारों तरफ प्रगति देखना चाहते थे।

विदेश यात्रा के दौरान उन्होंने सीमेंट और कागज के कारखानों का भी मुआयना किया। बाद में उनका यह अनुभव भद्रावती में कारखानों की स्थापना करते समय काम आया। विश्वेश्वरैया अकसर शिकागो की एक घटना का उल्लेख करते थे। एक व्यापारी विश्वेश्वरैया से मिलने उनके होटल के कमरे में आया और बोला कि वह अपनी दुकान में छोड़ा गया विश्वेश्वरैया का एक डॉलर लौटाने के लिए आया था। विश्वेश्वरैया असल में दुकानदार के बरताव से प्रसन्न होकर उसके पास एक डॉलर इनाम के तौर पर छोड़कर आए थे। दुकानदार एक डॉलर अपने पास नहीं रखना चाहता था, क्योंकि उसे लगता था कि उसने उस राशि का उपार्जन नहीं किया था। विश्वेश्वरैया अत्यंत संवेदनशील थे और वे दूसरों से आचरण के साथ-साथ आत्म विश्लेषण करने में भी विश्वास रखते थे। उनका नैतिक पक्ष हरेक परिस्थिति में मजबूत बना रहता था।

विश्वेश्वरैया हार्वर्ड विश्वविद्यालय पहुँचकर वहाँ शिक्षा की सुविधाएँ देखकर अभिभूत रह गए। जब उन्होंने विश्वविद्यालय के अध्यक्ष से पूछा कि वहाँ किस खास विषय का अध्ययन होता है तो उन्हें बताया गया, "हमारे यहाँ सभी विषयों का समान रूप से अध्ययन होता है।" विश्वेश्वरैया मानते थे कि इसी अवधारणा के आधार पर सभी शैक्षणिक संस्थाओं को काम करना चाहिए।

वाशिंगटन में फेडरल रिजर्व बोर्ड के गवर्नर के साथ विश्वेश्वरैया की यादगार मुलाकात हुई। विदेश यात्रा के दौरान अक्सर विश्वेश्वरैया उच्च पदों पर आसीन व्यक्तियों से संवाद कायम करने में विश्वास रखते थे और इसीलिए वे अमेरिका की वित्तीय हालत को समझने के लिए गवर्नर से मिलने गए थे। बातचीत के दौरान उन्होंने गवर्नर से पूछा कि वे भारत की वित्तीय स्थिति में सुधार लाने के लिए अपना परामर्श दें। कुछ हिचकिचाने के बाद गवर्नर ने विश्वेश्वरैया के साथ गए गाइड से कहा, "इस आदमी से कहो कि अपने देश लौटकर यह एक राष्ट्रीय

सरकार बनाने के संकल्प के साथ संविधान में परिवर्तन करे, फिर मेरे पास आए। वैसी हालत में ही मैं इसे सही परामर्श दे पाऊँगा।'' विश्वेश्वरैया समझ गए, दूसरे देश पर निर्भर रहना ही भारत के अभिशाप का असली कारण था। गवर्नर ने उन्हें अच्छी तरह भारत की बदहाली की वजह के बारे में समझा दिया था।

इसके बाद 27 वर्षों का लंबा वक्त लगा, जब भारत में पहली बार राष्ट्रीय सरकार का सपना साकार हो पाया, लेकिन विश्वेश्वरैया निराश होनेवालों में से नहीं थे। वे मेहनत करते रहे, अध्ययन करते रहे, सपने देखते रहे, नए-नए विचारों पर मनन करते रहे, प्रक्रियाओं और उद्देश्यों पर विस्तारपूर्वक चिंतन करते रहे। भारत को जैसे-जैसे आत्माधिकार मिलता गया, प्रत्येक चरण में वे पुनर्निर्माण और सुधार की नई योजनाएँ लेकर सामने आए। उनकी तीन पुस्तकें इसी प्रक्रिया के तहत वजूद में आई थीं—मॉन्टेग्यू के दौरे के बाद पहली पुस्तक, 1935 के भारत सरकार कानून के वजूद में आने के बाद दूसरी पुस्तक और जब प्रांतीय सरकारों का विलय जन प्रतिनिधियों द्वारा शासित लोकतांत्रिक प्रणाली में होनेवाला था, तब तीसरी पुस्तक।

विदेश यात्रा के दौरान की कमेटी के सचिव हर्वर्ट हूपर ने उन्हें भारत के पिछड़ेपन के कारणों की चर्चा करते हुए बताया, ''आप लोगों में ऊर्जा की कमी है।'' ऊर्जा अमेरिका की खासियत है, कोई भी व्यक्ति वहाँ हाथ-पर-हाथ धरकर निष्क्रिय बैठा नहीं रह सकता, न ही किस्मत बदलने का अनंतकाल तक इंतजार किया जा सकता है। अगर कोई आगे बढ़ने के लिए जोश के साथ प्रयास नहीं करता तो उसका पीछे छूट जाना स्वाभाविक ही कहलाएगा।

इसी दौरान उनकी मुलाकात भारत के सेक्रेटरी ऑफ स्टेट एडविन मॉन्टेग्यू से लंदन में हुई। रॉयल सोसायटी ऑफ आर्ट्स की तरफ से भारत की समस्याओं पर एक गोष्ठी आयोजित की गई थी, जहाँ विश्वेश्वरैया की मुलाकात मॉन्टेग्यू से हुई थी। मॉन्टेग्यू कार्यक्रम की अध्यक्षता कर रहे थे। इस गोष्ठी के बाद जब दोनों की भेंट हुई तो मॉन्टेग्यू ने उन्हें काउंसिल ऑफ द सेक्रेटरी ऑफ स्टेट फॉर इंडिया का सदस्य बनाने का प्रस्ताव दिया। भावनगर के सर प्रभाशंकर डी. पट्टानी के हटने से एक जगह खाली हुई थी। वैसी सदस्यता किसी भी भारतीय के लिए सम्मान और गौरव की बात हो सकती थी, मगर नाम और प्रसिद्धि को छोड़कर वैसी सदस्यता के जरिए कोई महत्त्वपूर्ण कार्य कर पाना संभव नहीं था, इसीलिए विश्वेश्वरैया ने विनम्रतापूर्वक प्रस्ताव को मानने से इनकार कर दिया। वे हमेशा सार्थक जिम्मेदारी और राजनीतिक प्रभावशीलता को प्राथमिकता देते थे।

लंदन में तकरीबन दस महीने गुजारते हुए उन्होंने 'रिकंशट्रक्शनिंग इंडिया' नामक पुस्तक की रचना की, जिसे पी.एस. किंग एंड संस नामक प्रकाशक ने प्रकाशित किया।

अगली बार 1926 में वे बैक वे रिक्लेमेशन कमेटी के सदस्य के रूप में लंदन की यात्रा पर गए। जब कमेटी का कार्य संपन्न हो गया, तब उन्होंने अपने प्रवास की अवधि बढ़ा ली और यूरोप तथा अमेरिका की यात्रा पर निकल पड़े। वे इस्पात उत्पादन से जुड़ी तकनीकी पेचीदगियों का अध्ययन करना चाहते थे। उस समय वे भद्रावती आयरन वर्क्स के अध्यक्ष थे। स्वीडन और अमेरिका में उन्होंने देखा कि इस्तेमाल किए गए चारकोल का इस्तेमाल लोहा और इस्पात उद्योग में ईंधन के तौर पर किया जा रहा था। उनका यह अध्ययन काम आया और भद्रावती में भी नए किस्म के चारकोल इस्पात का उत्पादन शुरू किया गया। अमेरिका यात्रा के दौरान उन्होंने भद्रावती के उत्पादों के लिए बाजार तैयार करने का भी प्रयास किया।

विश्वेश्वरैया ने यात्रा को याद करते हुए लिखा, ''परामर्शक इंजीनियरों की एक फर्म ने तकनीकी जानकारियाँ जुटाने के लिए बर्लिन के आसपास लकड़ी प्रसंस्करण के 80 संयंत्रों का मुआयना किया था।'' प्रबंधन की ऐसी दक्षता ने उन्हें अत्यंत प्रभावित किया था। वे अमेरिकियों की तरह जोश और जर्मनों की तरह दक्षता को भारत के विकास से जुड़े कार्यों में भी लागू करना चाहते थे।

1935 में विश्वेश्वरैया फिर विदेश यात्रा पर रवाना हुए, उनके मन में लंबे समय से भारत में ऑटोमोबाइल उद्योग शुरू करने का सपना पल रहा था। अपने इसी सपने से प्रेरित होकर वे इस बार विदेश यात्रा पर निकले थे। उन्होंने इंग्लैंड के कोवेन्टरी, ऑक्सफोर्ड, बर्मिंघम आदि शहरों में स्थित ऑटोमोबाइल कारखानों का दौरा किया, उन्होंने लॉर्ड आस्टीन से मुलाकात की, जिन्होंने मुंबई में इस तरह का कारखाना खोलने पर आनेवाली लागत का ब्योरा तैयार कर दिया। लॉर्ड आस्टीन ने उन्हें बताया कि भारतीय सड़कों की स्थिति को देखते हुए अमेरिकी मँझोले आकार की कार का उत्पादन करना ठीक रहेगा, लेकिन अगर छोटी कार का उत्पादन करना हो तो वे अपनी कंपनी की तरफ से मदद करने के लिए तैयार थे। विश्वेश्वरैया और अधिक जानकारी जुटाने के लिए यात्रा करते रहे। वे इटली, जर्मनी और फ्रांस में स्थित कार के कारखानों में गए। इटली के टुरीन में उन्होंने फिएट मॉडल कार के उत्पादन, कारखाने की संरचना आदि का भी जायजा लिया और अत्यंत प्रभावित हुए।

विश्वेश्वरैया ने न्यूयॉर्क में एक रूसी इंजीनियर के साथ हुई मुलाकात का

उल्लेख बाद में किया। रूसी इंजीनियर अपने 40 साथियों के साथ वहाँ ऑटोमोबाइल उद्योग के संबंध में जानकारियाँ जुटाने के लिए आया था। रूस में कार का कारखाना खोलने का निर्णय लिया गया था। विश्वेश्वरैया फोर्ड के कारखाने में गए और डेट्रायट में जनरल मोटर्स के कारखाने का भी उन्होंने अध्ययन किया। डेट्रायट में वे एक महीने तक रहे। उन्होंने भारत में एक कार कारखाना खोलने का बजट तैयार किया और अमेरिका के कई कार निर्माताओं को बजट दिखाकर उनकी राय ली, मगर स्वदेश लौटने पर बंबई अथवा मैसूर में ऑटोमोबइल उद्योग शुरू करने का उनका सपना तुरंत साकार नहीं हो पाया। उद्योगपति वालचंद हीराचंद और बंबई सरकार के तकनीकी सलाहकार आडवाणी इस सपने को हकीकत के धरातल पर उतारने के लिए प्रयास करते रहे। उन्होंने फोर्ड मोटर्स को भारत में कार कारखाना खोलने से होनेवाले फायदों के बारे में बताया था और उसके साथ एक अनुबंध भी तैयार कर लिया था, मगर इस प्रयास के मार्ग में भी रुकावट आ गई थी। इसके बाद उन्होंने डेट्रायट के क्रिसलर कॉर्पोरेशन से संपर्क किया था। वह कंपनी भी तकनीकी और वित्तीय नजरिए से तैयार की गई योजना को देखकर सहयोग देने के लिए सहमत हो गई थी। भारत में प्रस्तावित कार कारखाने के लिए तकनीकी सहयोग देने के लिए सहमत हो गई थी। भारत में प्रस्तावित कार कारखाने के लिए तकनीकी सहयोग संबंधी अनुबंध भी तैयार कर लिया गया था। वालचंद हीराचंद ने वार्ता की सफलता की पुष्टि कर दी थी। विश्वेश्वरैया ने लिखा था कि इसी अनुबंध के तहत प्रीमियर ऑटोमोबाइल कंपनी की स्थापना की गई।

विश्वेश्वरैया ऑल इंडिया मैन्यूफैक्चरर्स ऑर्गेनाइजेशन के प्रतिनिधि दल के नेता के रूप में 1964 में विदेश यात्रा पर गए। ब्रिटेन, अमेरिका और कनाडा की यात्रा करते हुए उन्होंने विभिन्न उद्योगों का जायजा लिया था।

□

अग्रणी योजनाकार

सरकारी सेवा में, संस्थाओं के साथ और व्यक्तिगत स्तर पर विश्वेश्वरैया के किए गए कार्यों पर रोशनी डाली जा चुकी है। उन्हें अपने विचारों और अनुभवों को कागज पर उतारने की आदत थी। आरंभिक दिनों से ही वे आर्थिक एवं इंजीनियरिंग क्षेत्र की प्रगति के संबंध में लेख लिखते रहे थे। उनका लेखन टिप्पणियों, मार्गदर्शन पत्र, रिपोर्ट आदि के रूप में उपलब्ध है। जीवन के अलग-अलग कालखंडों में दिए गए उनके भाषणों के संकलन भी प्रकाशित हो चुके हैं। उनकी पुस्तकों, प्रचार पुस्तिकाओं और मोनोग्राफों के जरिए उनके विचारों का आकलन किया जा सकता है।

उनकी आरंभिक पुस्तिकाओं में से एक 1902 में प्रकाशित हुई थी। मैसूर में 'व्यावहारिक शिक्षा का विकास' नामक शीर्षक की उनकी इस पुस्तिका में उपयोगी सुझाव दिए गए थे। 35 पृष्ठ की इस पुस्तिका में लेखक के रूप में एक मैसूरवासी लिखा हुआ था। इससे पता चलता है कि आरंभिक दौर में भी विश्वेश्वरैया की सोच किस कदर गहरी थी।

विश्वेश्वरैया की पुस्तकें भारत में राजनीतिक घटनाक्रम के अहम मोड़ों पर प्रकाशित होती रही थीं। जब भी उन्हें देश के सामने किसी बड़ी संभावना का मार्ग प्रशस्त होते हुए दिखाई पड़ा। उन्होंने देश की परिस्थितियों के आधार पर कार्यों की रूपरेखा प्रस्तुत करना अपना दायित्व समझा था। वे देश को खुशहाली के रास्ते पर अग्रसर होते हुए देखना चाहते थे। अकसर वे अपना सुझाव प्रस्तुत करते समय एक संरचनात्मक आधार प्रस्तुत करते थे। उनके तथ्यों पर आधारित विश्लेषण में देश के अतीत के साथ वर्तमान की स्थिति की तुलना की जाती थी। दूसरी तरफ विकसित देशों की प्रगति के बारे में चर्चा की जाती थी।

वे देश की जनता के साथ-साथ शासकों को भी संबोधित करते थे और वस्तुस्थिति की तरफ उनका ध्यान आकर्षित करते थे। वे देशवासियों की सीमा का उल्लेख करते थे, साथ ही भविष्य की चुनौतियों के बारे में जनता को जागरूक बनाना भी आवश्यक समझते थे। वे हालात का रोना रोने या भाग्य को कोसते हुए एक-दूसरे की सीमा की चर्चा करने में वक्त नहीं गँवाते थे। उनका मानना था कि तुरंत पुरुषार्थ करने की जरूरत थी और समय किसी के लिए इंतजार करने वाला नहीं था। इसीलिए प्रगति के मार्ग पर कदम बढ़ाने की जरूरत थी, देश की दुर्दशा और बदहाली का समाधान ढूँढ़ने की जरूरत थी। अगर छोटे देश कम आबादी और सामान्य सांस्कृतिक विरासत के बावजूद अधिक तेजी से अपना विकास करने में सफल हो रहे थे, वैसी हालत में उनकी समझ में नहीं आ रहा था कि उनके देशवासी किस चमत्कार की उम्मीद में अकर्मण्य बने हुए हैं और किसी तरह का पुरुषार्थ करने की कोशिश नहीं कर रहे हैं। वे हालात को बदलना चाहते थे। वे चाहते थे कि देश का प्रत्येक नागरिक परिवर्तन की धारा में भागीदारी करे। उनकी सभी पुस्तकों का यही मूल संदेश था।

सुकरात का कथन था कि वे अपने विचारों से लोगों को सोचने के लिए और तर्क ढूँढ़ने के लिए प्रेरित करता है। इस तरह लोग सत्य और बुद्धि की खोज करने में जुट जाते हैं। विश्वेश्वरैया भी आधुनिक युग के एक ऐसे ही विचारक थे, जो भारत में नवजागरण लाना चाहते थे, इसे आत्मनिर्भर और समृद्ध राष्ट्र बनाकर विश्व के मानचित्र में सम्मानजनक स्थान दिलाना चाहते थे।

'रिकंशट्रक्शनिंग इंडिया' (1920) की भूमिका में उन्होंने लिखा है—"भारत की जनता को आधुनिक प्रगति के विचारों को अपनाना होगा, जिज्ञासा के भाव को पैदा करना होगा, उद्यमशीलता के गुणों को अपनाना होगा, विचारों में नवीनता लानी होगी और पिछड़ेपन को दूर करने के लिए प्रयत्न करना होगा। उद्देश्यपूर्ण, प्रगतिशील और स्वाभिमानी नागरिकता का सृजन करना होगा और देश को आत्मनिर्भर बनाना होगा।"

भारत की समस्याओं की चर्चा करने के बाद 12वें अध्याय में उन्होंने चार खंडों में राजनीतिक, प्रशासनिक, आर्थिक एवं सामाजिक पुनर्निर्माण की रूपरेखा को प्रस्तुत किया है और बताया है कि भविष्य में समृद्धि किस तरह हासिल की जा सकती है।

1920 में पूरी दुनिया प्रथम विश्वयुद्ध में हुई क्षति से उबरने की कोशिश कर रही थी और जीवन के लिए एक नए वातावरण का निर्माण किया जा रहा था।

विकास को तरजीह देने की जगह पुरानी लीक पर चलनेवाली सरकारों की चर्चा करते हुए उन्होंने लिखा—

> ''निरंकुशता का इस्तेमाल कर शांति और सुरक्षा को बहाल रखने की कोशिश की जाती है और जनता की गतिविधियों को नियंत्रित कर प्रगति की राह को अवरुद्ध कर दिया जाता है।
>
> ''अगर अनुकूल वातावरण मिले, राष्ट्रीय नीति में सुस्पष्टता हो, आधुनिक मशीनों तथा आधुनिक व्यावसायिक विधियों का इस्तेमाल किया जाए तो देश में कृषि एवं निर्माण की दृष्टि से अगले दस वर्षों में उत्पादन को दोगुना और पंद्रह वर्षों में तीन गुना किया जा सकता है।''

यही बात विदेशी व्यापार और साक्षरता के मामले में भी लागू होती है, उन्होंने बताने की कोशिश की कि सरकार और जनता की कैसी भूमिका होनी चाहिए।

उन्होंने भारत में अंग्रेजों के हितों पर चोट करने की बात नहीं कही। उनका मानना था कि प्रगति का लाभ सभी वर्गों को मिल सकता था, 'निर्माता, उत्पादक, बिचौलिए, व्यापारी—जो भी देश की समृद्धि की प्रक्रिया से जुड़नेवाले थे। भारत के पुनर्निर्माण की प्रक्रिया से ब्रिटेन और भारत को फायदा पहुँचनेवाला था।'

एक अन्य अध्याय में भविष्य की रूपरेखा प्रस्तुत करते हुए उन्होंने एक मजबूत भारत और एक नई किस्म की भारतीय नागरिकता के सृजन की चर्चा की है। लोगों को संगठित कर पुरुषार्थ करने के लिए तैयार किया जा सकता है, उन्हें उच्च गुणवत्ता को अपनाने की सीख दी जा सकती है। 16वें अध्याय में उन्होंने ऐसी ही एकजुटता का उल्लेख करते हुए सात क्षेत्रों की सूची दी है—1. अखिल भारत, 2. प्रांत, 3 नगर, 4. कस्बा, 5. गाँव, 6. जिला, 7. तालुक। वे प्रत्येक स्तर पर विकास समितियाँ बनाने की बात कहते हैं, ताकि परिस्थिति में परिवर्तन लाया जा सके। बड़ी योजनाओं पर आनेवाली लागत की चिंता वे नहीं करते। जिस राशि का उन्होंने जिक्र किया है, वह आज की तारीख में मामूली राशि लग सकती है, मगर उनके समय में उतनी राशि का काफी महत्त्व होता था। उन्होंने एक जगह लिखा है, ''प्रत्येक प्रांतीय सरकार के पास उद्योगों के लिए दस वर्षों तक निवेश की मद में सालाना एक लाख रुपए से लेकर तीन लाख रुपए तक खर्च करने के लिए रहना चाहिए।'' वे केंद्र सरकार और प्रांतीय सरकार में अलग से पुनर्निर्माण मंत्रालय बनाने का सुझाव देते हैं। विश्वेश्वरैया भारत के प्रथम व्यक्ति थे, जिन्होंने

पुनर्निर्माण और विकास के कार्यों के लिए सार्वजनिक ऋण का इस्तेमाल करने का सुझाव दिया था। उन्होंने शिक्षा और उद्योग के लिए सार्वजनिक ऋण को सालाना 10 करोड़ रुपए से बढ़ाते हुए 30 करोड़ रुपए तक निर्धारित करने का सुझाव दिया था। वे चाहते थे कि प्रत्येक भारतीय अपने देश की दुर्दशा से सबक सीखे। पुस्तक के अंत में उन्होंने लिखा है—

> ''भारतीय लोगों के बीच जागरूकता पैदा करने की जरूरत है। उन्हें समझना होगा कि इस देश से बाहर बेहतरीन जिंदगी का वजूद है और भारत में भी खुशहाली का नया दौर लाया जा सकता है, लेकिन इसके लिए देशवासियों को अपने मन में इच्छाशक्ति पैदा करनी होगी और इसके लिए मेहनत करनी होगी।''

इसके बाद के उनके लेखन में चिंतन की गहराई और भी अधिक बढ़ती गई है। 1934 में प्रकाशित 'प्लान्ड इकोनोमी' नामक पुस्तक में उनकी गहन विश्लेषण क्षमता दिखाई देती है। पुस्तक में उन्होंने अपनी योजनाओं को दो खंडों में विभाजित किया है—पहले खंड में 10 अध्याय हैं और शीर्षक है 'द इकोनोमी सर्वे' दूसरे खंड में भी 10 अध्याय हैं और शीर्षक है 'द रिकंशट्रक्शन'। उन्हें तत्कालीन समय परियोजना प्रस्तुत करने की दृष्टि से अनुकूल लगा था। कुछ दिनों से तमाम महत्त्वपूर्ण देशों में जीवन के सभी पहलुओं पर केंद्रित राजनीतिक एवं आर्थिक योजनाओं पर विशेष ध्यान दिया जा रहा था। 1932-33 में मद्रास में सर विलियम मेयर व्याख्यानमाला के दौरान एन.एस. सुब्बाराव ने कहा था कि 'परियोजनाएँ वक्त की माँग हैं।'

पुस्तक में विश्वेश्वरैया ने उद्धरणों के माध्यम से अपने पक्ष को सशक्त तरीके से प्रस्तुत किया है। रॉयल इकोनोमिक जनरल, कैंब्रिज में प्रकाशित एच.एस. जेबोन्स के लेख के अंश को उन्होंने उद्धृत किया है—

> ''पिछले दस वर्षों से सुनियोजित राष्ट्रीय अर्थव्यवस्था का रुझान दिखाई दे रहा है। लगभग सभी देशों में आर्थिक मामलों में राज्य की प्रतिभागिता बढ़ती गई है और अंतर्राष्ट्रीय मामलों में भी इसको अहमियत बढ़ी है। कई देशों में इसी वजह से नए कानून भी बनाए गए हैं और योजनाओं को बढ़ावा दिया जा रहा है।''

विश्वेश्वरैया चाहते थे कि सांप्रदायिक रुझान से बचने के लिए भारत को योजनाएँ बनाकर काम करना चाहिए। इसे ऐसी बुनियादी नीति बनानी चाहिए जिससे लोगों के व्यक्तिगत उद्यम को प्रभावित किए बिना सामूहिक रूप से कार्य करने के लिए प्रेरित किया जा सके। अपनी पिछली पुस्तक की तरह इस पुस्तक में भी वे 10 वर्षीय परियोजना बनाकर कार्य करने की सलाह देते हैं—

> ''देश आज ऐसी स्थिति में है—जैसा कि वह पहले कभी नहीं था—वह अग्रिम पंक्ति में आकर खड़ा हो सकता है। एक बड़ा कदम आगे की दिशा में बढ़ाने के लिए लोगों के पास सब कुछ है, बड़ी संख्या में प्रशिक्षित और अशिक्षित आबादी यूँ ही राह देख रही है, इस आबादी का इस्तेमाल उत्पादन में इजाफा करने के लिए किया जा सकता है। कोई भी आधुनिक विकसित राष्ट्र बगैर तकलीफ उठाए शिखर पर नहीं पहुँच पाया है।''

दूसरे देशों में जहाँ ऋणों की वसूली की समस्या थी, वहीं भारत में पुनर्निर्माण की चुनौती थी। भारत में कृषि, उद्योग, संयंत्र, बिजली, व्यापार, शुल्क, वित्त मुद्रा, मौद्रिक नीति का चित्रण करते हुए उन्होंने हालात की मजबूती और कमजोरी की तरफ इशारा किया था। उन्होंने निर्भीकता और साहस के साथ दरशाया था कि किस तरह दूसरों पर भारत की निर्भरता की वजह से भारत पिछड़ेपन से उबर नहीं पा रहा था और दुनिया के दूसरे विकसित देशों की पंक्ति में खड़ा होने का मौका भारत को नहीं दिया जा रहा था। उनका मानना था कि भारत को पिछड़ेपन के अंधेरे में रखने से इंग्लैंड को भी नुकसान हो रहा था। वे शासकों को आश्वस्त करना चाहते थे कि भारत की प्रगति का अर्थ बाजार या अर्थव्यवस्था से उन्हें वंचित करना नहीं है, बल्कि इसके जरिए दोनों देशों की आनेवाले वर्षों में राजनीतिक एवं आर्थिक रूप से भलाई हो सकती है। वे समय की तरफ रचनात्मक नजरिए से देखने की कोशिश कर रहे थे—यह एक ऐसा नज़रिया था, जो ब्रिटिश लोगों को भारत के बारे में सहानुभूतिपूर्वक विचार करने के लिए प्रेरित कर सकता था, जो भारत विशाल आबादी वाला देश था, जो आकार में ब्रिटेन की तुलना में सात या आठ गुना बड़ा था और जहाँ प्रगति के लिए जरूरी तमाम मानवीय और भौतिक संसाधन मौजूद थे।

अगर निजी राजनीतिक स्वार्थों के लिए प्रगति की प्रक्रिया का विरोध किया जाएगा तो दोनों ही मुल्कों को इसकी कीमत चुकानी पड़ेगी। आर्थिक पिछड़ेपन की

चर्चा करते हुए विश्वेश्वरैया विदेशी निजी निवेशकों को भी जिम्मेदार ठहराते हैं। उन्होंने लिखा था—

> ''अगर किसी कारोबारी को कठिनाइयों का सामना करना पड़ता है तो दोनों देशों के वित्तीय हितों को ध्यान में रखते हुए क्षतिपूर्ति के तौर पर उसे आर्थिक अनुदान दिया जा सकता है। हर तरह के एकाधिकारों और विशिष्ट सुविधाओं का खात्मा करने के लिए और भारतीय व्यापार का विस्तार करने के लिए सालाना क्षतिपूर्ति 10 करोड़ रुपए निर्धारित की जा सकती है और राशि के भुगतान की अवधि 20 वर्ष तय की जा सकती है।''

उनका मानना था कि इस तरह कारोबार जगत को फलने-फूलने का मौका मिल सकता था और दोनों देशों के रिश्तों में भी सुधार हो सकता था।

उसी अवधि में भारत के राजनीतिक ढाँचे के स्वरूप पर चर्चा करने के लिए गोलमेज सम्मेलन का आयोजन किया गया था और भारत में स्वायत्तता की सीमा के संबंध में विचार-विमर्श किया गया था। 1935 में इस आशय के कानून को तैयार किया जा रहा था, तब विश्वेश्वरैया ने लिखा था—

> ''यह ब्रिटेन के लिए अपने हितों की दृष्टि से सबसे अधिक लाभदायक रहेगा कि वह बिना देर किए और बिना हिचकिचाए भारत में संघ आधारित सरकार की स्थापना करे, इस तरह देश की वित्तीय एवं मौद्रिक नीतियों पर उसका संपूर्ण नियंत्रण कायम हो सकेगा।''

भारत में औद्योगिक विकास के लिए विश्वेश्वरैया ने सात बिंदुओं की चर्चा की है—1. धन, 2. बाजार, 3. प्रबंधन, 4. मशीनरी, 5. प्रेरक शक्ति, 6. सामग्री, 7. श्रम शक्ति। उनका कहना था कि 10 करोड़ रुपए का अनुदान मुहैया करवाकर पुनर्निर्माण की प्रक्रिया को तेज किया जा सकता है। साथ ही केंद्र सरकार दस वर्षीय परियोजना और राज्य सरकारें पंच वर्षीय परियोजना बनाकर विकास के सपने को साकार कर सकती हैं।

भारत में आर्थिक राष्ट्रवाद को बढ़ावा देने के लिए उन्होंने हेनरी फोर्ड के विचारों को उद्धृत किया था, ''पृथ्वी पर वही मनुष्य दास हैं, जो मशीन की उपयोगिता का लाभ नहीं उठा रहे हैं।'' मशीनीकरण की चर्चा करते हुए उन्होंने लिखा—

> ''हम स्त्री–पुरुषों को अपनी पीठ पर लकड़ी, पत्थर और पानी ढोते हुए देखते हैं। हम बुनकरों को घंटों पसीना बहाकर मामूली नतीजे हासिल करते हुए देखते हैं। हम किसानों को पशुओं की तरह श्रम करते हुए भी उर्वर भूमि से अपर्याप्त अनाज पैदा करते हुए देखते हैं। हमें चारों तरफ सभी समस्याओं की जड़ के रूप में निर्धनता दिखाई देती है, क्योंकि लोग शक्ति एवं प्रणाली के रहस्य से परिचित नहीं हैं, लोग मशीन की क्षमता से परिचित नहीं हैं।''

उनका मानना था कि कमजोरी और गरीबी ही इस देश की दुश्मन है, जिनसे लड़ने की जरूरत है। एक नई तरह की सोच विकसित करने की जरूरत है कि निर्धन बनकर जीने की जगह पुरुषार्थ करते हुए आत्मविकास किया जा सकता है। केवल भाग्य के भरोसे जीते रहने से व्यक्ति का या समाज का उत्थान संभव नहीं हो सकता।

पुस्तक के अंतिम अध्याय का शीर्षक 'अपने पैरों पर खड़ा होता भारत' है। वे देश की शांति, सद्‌भाव और जनता की दक्षता को नुकसान पहुँचाने वाली नीतियों की आलोचना करते हैं। लोकसेवा में चयन के लिए सांप्रदायिकता को आधार बनाने का विरोध करते हैं। उन्होंने लिखा था—

> ''एक किस्म की धारणा फैलाई गई है कि जब बुद्धिमान समुदाय के लोग ऊँचे पद पर आते हैं तो वे अल्पसंख्यकों का दमन करते हैं। इस धारणा को आधार बनाकर औसत या कम जानकार व्यक्तियों को जाति के आधार पर नियुक्ति देने से लोकसेवा को क्षति ही पहुँच सकती है। अगर सरकार को अधिक प्रतिभाशाली व्यक्ति उपलब्ध होते हैं, तब उन्हें नजरअंदाज करने से पूरे देश को इसका खामियाजा भुगतना पड़ सकता है।''

कुल मिलाकर विश्वेश्वरैया राष्ट्र निर्माण की प्रक्रिया को तीव्र बनाने के पक्ष में थे और वे शिक्षा, उद्योग, सैन्य प्रशिक्षण आदि तमाम पहलुओं पर नए सिरे से विचार करने की जरूरत पर बल दे रहे थे। सैन्य प्रशिक्षण के मसले को उन्होंने इस पुस्तक में विशेष रूप से रेखांकित किया, क्योंकि वे भारत को एक ऐसा मजबूत राष्ट्र बनाना चाहते थे, जो अपनी सुरक्षा करने में सक्षम हो सके।

'रिकंशट्रक्शन इन पोस्ट वार इंडिया' नामक पुस्तिका को विश्वेश्वरैया ने 1944 में प्रकाशित किया। इसे एआईएमओ, बंबई की तरफ से प्रकाशित किया गया था, इस पुस्तिका में भी उन्होंने सुनियोजित विकास के संबंध में अपने विचार प्रकट किए

थे। उस दौरान भारतवासियों को अधिक-से-अधिक अधिकार सौंपने पर विचार किया जा रहा था। विश्वेश्वरैया को वह समय पुनर्निर्माण संबंधी सुझाव देने के लिए उचित लगा था। द्वितीय विश्वयुद्ध की लपटें धीरे-धीरे शांत हो रही थीं। बंबई के उद्योगपतियों की तरफ से प्रायोजित एक अखिल भारतीय कमेटी ने दस हजार करोड़ रुपए की एक पंद्रह वर्षीय परियोजना देश के सामने पेश की थी, वहीं कांग्रेस की तरफ से जवाहरलाल नेहरू कमेटी ने स्वतंत्र और अखंड भारत की योजना देश के सामने पेश की थी। नागरिकों के लक्ष्य के बारे में विश्वेश्वरैया ने लिखा—

> "राजनीतिक रूप से देश का शासन जनता के प्रतिनिधियों के हाथों में हस्तांतरण सुनिश्चित करना, आर्थिक रूप से अपनी कार्यक्षमता में वृद्धि करना, उत्पादन और उपार्जन वृद्धि की क्षमता का विकास करना, सामाजिक रूप से देश से प्रत्येक क्षेत्र में, प्रत्येक कोने में मर्यादापूर्ण जीवन का वातावरण निर्मित करना, विज्ञान की खोजों और विकसित देशों के अनुभवों के आधार पर देश का पुनर्निर्माण संभव हो सकता है।"

इस पुस्तिका की शैली में आत्मविश्वास झलकता है और यह पुस्तिका अपने तर्कों से प्रभावित करती नजर आती है। इसमें प्रगति की राह में बाधक बनने के लिए सरकार की आलोचना भी नजर आती है। विश्वेश्वरैया लिखते हैं—

> "अब समय आ गया है, जब पुनर्निर्माण की आवश्यकता की तरफ ध्यान दिया ज़ाए और 400 करोड़ रुपए का निवेश करना पर्याप्त नहीं कहलाएगा। कृषि क्षेत्र में प्रगति की तरफ ध्यान देना जरूरी है, ताकि खाद्यान्न के उत्पादन में वृद्धि संभव हो सके, औद्योगिक विस्तार के मामले में दिशा परिवर्तन करने की जरूरत है। जो आबादी पूरी तरह कृषि पर निर्भर है इसके एक बड़े हिस्से को प्रशिक्षण और रोजगार मुहैया करना होगा, ताकि दूसरे क्षेत्रों में भी बदलाव लाना संभव हो सके। नागरिक और सैन्य जरूरतों के लिए उपयोगी उद्योगों को तत्काल शुरू करने की जरूरत है।"

"जब दुनिया तेजी से आगे की तरफ बढ़ती जा रही है, तब करोड़ों की आबादी को वर्तमान युग की सच्चाइयों से अनजान बनकर जीना आत्मघाती साबित हो सकता है।"

उनका मानना था कि केवल एक राष्ट्रीय सरकार ही इस कार्य को दृढ़ता के

साथ कर सकती है। जनता के प्रति जवाबदेह एक स्वतंत्र राष्ट्रीय सरकार का गठन करना समय की माँग थी। विश्वेश्वरैया ने ऐसी सरकार के लिए जरूरी सिद्धांतों और आदर्शों का वर्णन किया है और ब्रिटेन तथा भारत के संदर्भों को पेश किया है। उन्होंने राष्ट्रीय पुनर्निर्माण बोर्ड की स्थापना करने का सुझाव दिया, जो अपने कर्मियों का चुनाव कर सकता था। कमेटियों का गठन कर सकता था और विकास की गतिविधियों का संचालन कर सकता था। उनके विचार से यह एक सार्वजनिक संगठन हो सकता था। इसके साथ सरकार दो अतिरिक्त संस्थाएँ बना सकती थी, जो राज्य में विकास गतिविधियों की योजनाएँ क्रियान्वित कर सकती थीं। कुछ महत्त्वपूर्ण देशों की तर्ज पर एक आर्थिक परिषद् जैसी राष्ट्रव्यापी आर्थिक संस्था की स्थापना की जा सकती थी, जो विदेशी आयात से संबंधित समस्याओं पर नजर रख सकती थी और शुल्कों के निर्धारण को तर्कसंगत बनाने की कोशिश कर सकती थी। वह सरकारी निकायों में आम जनता के हितों की सुरक्षा सुनिश्चित कर सकती थी और सर्वांगीण आर्थिक विकास के लिए सुझाव प्रस्तुत कर सकती थी।

विश्वेश्वरैया ने सैन्य क्षेत्र के उद्योगों की स्थापना के बारे में भी अपनी राय जाहिर की और उनके लिए जरूरी वित्त के बारे में विस्तारपूर्वक चर्चा की। उन्होंने पुनर्निर्माण के कार्य के लिए तीन खंडों की स्थापना का सुझाव दिया। उन्होंने तीन परामर्शदाता एजेंसियाँ बनाने का सुझाव दिया, जो सरकारी विभागों के साथ सहयोग पर सकती थीं। एजेंसियों के नाम इस प्रकार थे—

1. पुनर्निर्माण आयोग।
2. आर्थिक परिषद्।
3. राष्ट्रीय पुनर्निर्माण बोर्ड।

देश को आजादी मिल गई और उसे अपनी आर्थिक समृद्धि सुनिश्चित करने की योजनाएँ बनाने की पूरी आजादी भी मिल गई। आरंभिक तीनों पंचवर्षीय योजना के जरिए बीस हजार करोड़ से अधिक निवेश करते हुए देश की आर्थिक समस्याओं का निदान ढूँढ़ने का प्रयास किया गया, लेकिन अभी बहुत कुछ करना बाकी रह गया था। अब समझ में आने लगा था कि संगठित होकर प्रयास करने से हालात को बदलना किस तरह संभव हो सकता है। रक्षा क्षेत्र की जरूरतों को देखते हुए निवेश को बढ़ा दिया गया था। इस क्षेत्र के प्रति पहले उपेक्षा का भाव बना हुआ था।

यह विश्वेश्वरैया ही थे जिन्होंने सबसे पहले प्रगति की परियोजनाओं के लिए सैकड़ों या हजारों करोड़ रुपए के निवेश की कल्पना की थी, जिन्होंने सार्वजनिक

ऋण परियोजनाओं की अहमियत को सबसे पहले उजागर किया था। देश बुरी तरह पिछड़ा हुआ था। वह कमजोर और निर्धन बना हुआ था, मगर उसे मजबूत और समृद्ध बनाने की संभावनाएँ मौजूद थीं। भावी पीढ़ियों को प्रगति का लाभ मिल सके, इसके लिए फूँक-फूँककर कदम उठाने की जरूरत थी। जब समूचे देश में स्वतंत्रता के साथ नवनिर्माण का संकल्प पैदा हुआ था, तब किसी तरह भी कदम लड़खड़ाने का सवाल ही पैदा नहीं होता था। उस समय नए सिरे से निर्माण करने की चुनौती थी, जो रचनात्मक और विवेकपूर्ण प्रणाली को अपनाने से ही संभव हो सकता था।

विश्वेश्वरैया ने मैसूर में अलग-अलग मंचों से जो भाषण दिए थे, उनमें देश की ज्वलंत समस्याओं की चर्चा करने के साथ-साथ समाधान के सूत्र भी शामिल होते थे। अपने भाषणों में वे उम्मीद जाहिर करते थे कि समस्याओं से निबटने के लिए उन्हें महाराजा की तरफ से हर संभव सहायता मिलेगी, लेकिन राज्य के पास सीमित संसाधन थे, इसीलिए वे आम लोगों से समस्याओं से निबटने के लिए सहयोग करने का अनुरोध करते थे। 12 दिसंबर, 1912 को बंगलौर के नागरिकों की एक सभा में पूछे गए सवाल का जवाब देते हुए उन्होंने कहा था—

> "आप सभी मेरे वक्तव्य की सराहना करते हैं, आपने अपने वक्तव्यों में सुझाव दिया है कि महाराजा को क्या करना चाहिए या मुझे क्या करना चाहिए, लेकिन क्या आप लोगों ने एक बार भी कहा है कि आप लोगों को क्या करना चाहिए? आपने अपनी तरफ से सहयोग करने के संबंध में एक शब्द भी नहीं कहा है। ऐसी स्थिति में मैं किसी तरह का आश्वासन नहीं दे पाऊँगा। सरकार वैसी ही बनती है, जैसी जनता उसे बनाती है। यह जनता की क्षमता से अधिक उन्नत किस्म की नहीं बन सकती। मैं जनता के नेताओं की भागीदारी को प्रत्येक क्षेत्र में अहमियत देना पसंद करता हूँ, उन्हें प्रत्येक गतिविधियों के साथ जोड़ना पसंद करता हूँ। हमारे पास योग्य अधिकारी हैं, जो यूरोपीय भी हैं और भारतीय भी—ये अधिकारी हमारी मदद करने के लिए कार्य कर रहे हैं। अगर जनता में भी जागरूकता आएगी, सदियों की जड़ता टूटेगी और जनता सुधार और विकास की प्रक्रिया में दिलचस्पी लेगी, तो जनता को स्वस्थ और सही दिशा में अग्रसर होने के लिए सरकार अहम भूमिका निभा पाएगी।"

यह उनका स्पष्ट और बेबाक नजरिया था। वे मानते थे कि प्रत्येक स्तर पर केवल कार्य का महत्त्व होता है और कार्य की गुणवत्ता की अहमियत होती है। अगर अकर्मण्यता की स्थिति रहेगी या कार्य की गुणवत्ता को नजरअंदाज किया जाएगा तो किसी तरह की ठोस योजना या वित्तीय मदद उपलब्ध होने पर भी कोई बदलाव संभव नहीं हो पाएगा।

मलनाड क्षेत्र में मलेरिया उन्मूलन और हालात में सुधार के बारे में आयोजित की गई एक कमेटी की बैठक में कुछ सदस्यों ने तत्काल इलाके में स्वास्थ्य की सुविधाएँ मुहैया करवाने की माँग की। विश्वेश्वरैया ने शांत और दृढ़ स्वर में कहा—

> "हम सभी तत्काल कदम उठाने की जरूरत महसूस कर रहे हैं। सदस्यों के सामने सरकार 10-12 उपायों की सूची पेश कर चुकी है। अगर सदस्य कोई नया उपाय बता सकें तो हम अपने अभियान को कारगर बना सकते हैं। सिर्फ विरोध करने से कोई समाधान नहीं निकल सकता।"

विश्वेश्वरैया तथ्यपूर्ण संवाद को तहजीह देते थे। कमेटी के सदस्य भले ही संतुष्ट नहीं हुए थे, मगर दीवान के तर्क ने उन्हें निरुत्तर कर दिया था। वे समय नष्ट करने की जगह जरूरी उपायों पर विचार करने के लिए विवश हो गए थे।

उन्होंने अपने एक भाषण में कहा था—

> "देश की आशा जनता की सहभागिता में निहित है। ज्यादा-से-ज्यादा लोगों को जागरूक होकर कार्य करने में जुट जाना होगा। अपने अनुभवों से जनता इतना जान चुकी है कि आपसी संवाद और ज्ञान से समाधान निकल सकता है और एकता से ताकत हासिल की जा सकती है। एकजुट होकर कार्य करने से लक्ष्यों को हासिल किया जा सकता है।"

ऐसा कहा जाता है कि एक बार विश्वेश्वरैया ने बंगलौर में स्थानीय बढ़इयों की एक सभा बुलाई और उनसे कहा कि राज्य में प्रचुर यात्रा में लकड़ी उपलब्ध है। अगर वे लोग एक सोसायटी बना लें तो सरकार उन्हें सामग्री, औजार और धन मुहैया करवा सकती है, जिससे वे लोग सरकारी विभागों के लिए आवश्यक फर्नीचर का निर्माण कर सकते थे। उस समय मद्रास और बंबई प्रेसीडेंसी से फर्नीचर की खरीदारी की जाती थी।

अपने एक भाषण में उन्होंने कहा था—

> ''मैं संस्थाओं या कमेटियों या बुद्धिमान लोगों के जरिए जन समस्याओं का निदान ढूँढ़ने पर अधिक जोर देता हूँ, क्योंकि ऐसा करने पर किसी भी समस्या के विभिन्न पहलुओं की पड़ताल की जा सकती है और ऐसा करते समय कई दिमाग एक साथ सक्रिय होते हैं। ऐसी संस्थाओं या कमेटियों में हमें योग्य, दक्ष, त्यागी और बुद्धिमान व्यक्तियों को शामिल करना चाहिए। हमें ऐसे व्यक्तियों को तरजीह देनी चाहिए जो नए विचार की खोज कर सकें और उन विचारों पर अमल करने का पुरुषार्थ कर सकें।''

विश्वेश्वरैया लोकतंत्र को अनिवार्य रूप से वैचारिक साझेदारी और सर्व सहमति पर आधारित प्रणाली मानते थे। कमेटियों और सामूहिक बहस के जरिए लोकतांत्रिक प्रक्रिया को मजबूत बनाया जा सकता है। अगर कनेटियों में विभिन्न विचारों के लोग शामिल होंगे तो सहमति का आधार व्यापक बनेगा और बहुसंख्यक सदस्य जिस निर्णय को अपनाएँगे, उसके तमाम बिंदुओं की पड़ताल संभव हो सकेगी, एक लोकतांत्रिक ढाँचे में प्रशासन और सरकार का संचालन इसी सोच के साथ किया जा सकता है। उस समय मैसूर में प्रशासन का ढाँचा लोकतंत्र से कोसों दूर था—ढाँचे में अधिकार सीमित थे, लेकिन विश्वेश्वरैया अपने आदर्शों के जरिए विकास की रफ्तार को तेज बनाना चाहते थे और सभी भारतवासियों की खुशहाली का सपना उनकी आँखों में था।

वे समाज में महिलाओं और पिछड़े तबके के लोगों की दशा सुधारने के प्रति विशेष रूप से ध्यान दे रहे थे। एक नागरिक एवं सामाजिक सम्मेलन को संबोधित करते हुए उन्होंने कहा था—

> ''हमारी कई अयोग्यताओं के लिए समाज में प्रचलित जाति भेद जिम्मेदार हैं और इसकी वजह से सामज के एक बड़े हिस्से को स्थायी रूप से वंचित कर जीने के लिए मजबूर होना पड़ा है। पिछड़े तबके के लोगों की जो बदहाली है, उसे देखते हुए समाज अपनी स्थिति पर हरगिज गर्व नहीं कर सकता। वह लंबे समय से प्रचलित बुराई है, जिसे दूर करने से ही समाज का उत्थान संभव हो सकेगा। पिछड़े तबके की दशा में सुधार करने के लिए सबसे पहले उसके लिए शिक्षा की सुविधा को सुलभ बनाना पड़ेगा, उनके प्रति हमदर्दी का बर्ताव करते हुए उन्हें

मर्यादा के साथ जीने का अवसर मुहैया कराना होगा, उनके सामने सही आदर्शों और आचरण को प्रस्तुत करना होगा।''

वे इस बात को समझते थे कि देश की जनसंख्या तेजी से बढ़ती जा रही थी और इतनी बड़ी आबादी का पेट भरने के लिए अनाज की पैदावार पर्याप्त नहीं हो पा रही है। उन्होंने इसके उपायों की चर्चा करते हुए लिखा, ''या तो अधिक अनाज पैदा करना होगा या परिवार नियोजन की व्यवस्था करनी होगी, जैसा कि विकसित देशों में आबादी को नियंत्रित रखने के लिए कारगर उपाय किए गए हैं।''

उन्होंने पैदावार बढ़ाने की नीति पर बल दिया और सुझाव दिया कि पैदावार के संबंध में गाँवों के आँकड़ों को जुटाने की व्यवस्था होनी चाहिए। यह व्यवस्था इस आधार पर होनी चाहिए—

1. कितने एकड़ में खेती की गई।
2. पिछले साल की पैदावार की मात्रा और कीमत का आकलन।
3. प्रत्येक क्षेत्र में सुरक्षित रखे गए अनाज का आकलन।

उनका मानना था कि इस तरह ग्रामीण आबादी आँकड़ों के नजरिए से सोचना शुरू कर देगी और उसके जीवन स्तर में सुधार आ सकेगा। उन्होंने कई बार कहा कि जो इलाके सूखा और अकाल से प्रभावित होते हैं, उन इलाकों के प्रत्येक गाँव में दो सालों तक उपयोग के लिए अनजा का भंडार सुरक्षित रखना चाहिए।

उनका मानना था कि अगर सही तरीके से औद्योगिक प्रगति के लिए प्रयास किए जाए और उद्योगों के लिए पन-बिजली का उत्पादन किया जाए तो देश को मजबूत और खुशहाल बनाना संभव हो सकता है। उनका एक नारा—'विकास के लिए औद्योगीकरण करो।' उनकी चेतावनी थी—'औद्योगीकरण करो या बदहाल रहो।' यह एक ऐसा आदर्श वाक्य है जिसकी आज तक प्रासंगिकता बनी हुई है। किसी भी देश को खुशहाल बनाने के लिए संतुलित तरीके से किया गया औद्योगीकरण अहम कारक की भूमिका निभाता है। विश्वेश्वरैया हमेशा कहते थे कि अतीत के साथ वर्तमान स्थिति की तुलना करते हुए विकास को नहीं मापना चाहिए, बल्कि ऐसे विकसित देशों के साथ अपनी तुलना करनी चाहिए जिनके साथ हमें प्रतिस्पर्द्धा में शामिल होना है। प्रगति की जरूरत की तरह प्रगति की प्रतिस्पर्द्धा की अहमियत होती है। उन्होंने विकास के साथ-साथ राष्ट्र की सुरक्षा पर भी विशेष रूप से ध्यान देने का सुझाव दिया।

विश्वेश्वरैया को भारत का भविष्य संभावनापूर्ण नजर आता था। उनका मानना

था कि आदर्शों के प्रति गहरी आस्था, दूरदृष्टि और एकजुटता के साथ भारत को उन्नति के शिखर तक पहुँचाना संभव हो सकता था। जब वे भारत की प्रगति और आधुनिकीकरण की चर्चा करते थे तो किसी वर्ग, जाति या प्रांत के सदस्य के रूप में नहीं, बल्कि एक भारतीय नागरिक के रूप में अपने विचार व्यक्त करते थे। उनका मानना था कि भारत को अगर महाशक्ति बनकर उभरना है तो उसे ऊँच-नीच, अमीर-गरीब, धर्म, भाषा, समुदाय आदि के भेदभाव से ऊपर उठने की जरूरत है। देश में विभिन्नता में एकता के आदर्श को स्थापित करने की आवश्यकता है। विश्वेश्वरैया चाहते थे कि प्रत्येक नागरिक के मन से सच्ची देशभक्ति का भाव पैदा हो और सभी मिलकर नए भारत का निर्माण करें।

□

दूसरों की नजरों में विश्वेश्वरैया

जब हम विश्वेश्वरैया की जीवन कथा की चर्चा करते हैं तो व्यक्ति के रूप में उनकी विशेषताओं की चर्चा किए बिना यह कथा अधूरी रह सकती है। उनके दैनिक जीवन, व्यक्तिगत आचरण, कार्यशैली आदि पर रोशनी डालने से उनके व्यक्तित्व को अच्छी तरह समझा जा सकता है। उनके लिखे गए पत्र, सरकारी दस्तावेज और उनके साथ कार्य करनेवाले व्यक्तियों के अनुभवों से उनके व्यक्तित्व का सटीक चित्र उभरकर सामने आता है। विश्वेश्वरैया ने ऐसे पत्रों की प्रतिलिपियों को अपनी मृत्यु से पहले नष्ट कर दिया था, जिन पत्रों से उन्हें लगता था कि किसी की भावना को ठेस पहुँच सकती थी।

छात्र जीवन से ही विश्वेश्वरैया अनुशासित, नियमित जीवनशैली अपनाते रहे थे और निश्चित सिद्धांतों का पालन करते रहे थे। वे अपने इर्द-गिर्द की घटनाओं के प्रति सतर्क दृष्टि रखते थे और जब भी उनके मन में कोई विशेष विचार कौंधता था, उसे वे अपनी नोटबुक में उन विचारों को दर्ज कर लेते थे। वे हमेशा अपने साथ नोटबुक रखते थे। वे दूसरों को भी ऐसा ही करने का सुझाव देते थे, ताकि कोई महत्त्वपूर्ण बात छूट न जाए। इस तरह किसी भी बात की पुष्टि की जा सकती थी या तथ्यों की जाँच की जा सकती थी। एम. वेंकट अयंगर ने बाद में बताया कि विश्वेश्वरैया ने हमेशा उन्हें अपने साथ नोटबुक रखने की सलाह दी थी।

इस आदत के व्यावहारिक मूल्य और विश्वेश्वरैया की अद्‌भुत मेधा के बारे में आईसीएस अधिकारी फीनफैड ने इस तरह लिखा है—

> "एक बार दिल्ली भ्रमण के दौरान कुतुबमीनार के पास मेरी मुलाकात विश्वेश्वरैया से हुई, तब वे बंबई प्रेसीडेंसी के सेंट्रल डिवीजन के एक्जीक्यूटिव इंजीनियर थे। मैंने मजाक के लहजे में उनसे पूछा कि

दूसरा कुतुबमीनार बनाने के लिए क्या लागत आ सकती है।'' बिना एक पल हिचकिचाए उन्होंने जेब से नोटबुक निकालकर कुछ हिसाब लगाया और बोले कि दूसरा कुतुबमीनार बनाने के लिए 14 लाख रुपए की लागत आएगी।

विश्वेश्वरैया को पैदल सैर करने की आदत थी और नियमित रूप से वे सैर करने के लिए जाते थे। उन्हें पहाड़ी रास्तों पर चढ़ना अच्छा लगता था। इस तरह उनकी कसरत हो जाती थी। जीवन के अंतिम वर्षों में भी सैर करने की आदत का वे पालन करते रहे और इस तरह वे वह सक्रिय और ऊर्जावान बने रहे। ज्यादातर वे अकेले घूमना पसंद करते थे। ऐसा करते हुए प्रकृति को निहारने के साथ-साथ वे चिंतन-मनन में भी डूबे रहते थे। अगर डॉक्टर की सलाह पर कभी उन्हें सैर के कार्यक्रम को स्थगित करना पड़ता था तो उसकी भरपाई करने के लिए वे अपने घर के बरामदे में निर्धारित कदमों से टहला करते थे। इंजीनियर एवं विश्वेश्वरैया के छात्र एम.जी. रंगैया ने अपने अनुभवों को इस तरह प्रकट किया हैं—

> ''अधिक उम्र हो जाने के बावजूद विश्वेश्वरैया सुनियोजित तरीके से काम करना पसंद करते थे। सख्त आत्मानुशासन की आदत का वे नियमित रूप से पालन करते थे। वे निर्धारित समय तक पैदल चलते थे या गाड़ी में बैठकर घूमते थे। वे गाड़ी में सवार होकर शहर से बाहर चले जाते थे और फिर गाड़ी से उतरकर खुले इलाके में तीन मील तक पैदल घूमने के बाद फिर गाड़ी में सवार होकर घर लौट आते थे। वे निश्चित समय पर भोजन ग्रहण करते थे और इसी तरह निश्चित समय पर सो जाते थे। सवेरे उठकर हजामत बनाते थे और सज-धजकर तैयार हो जाते थे। वे निश्चित समय पर कार्य करने के लिए अपनी मेज के पास बैठ जाते थे। साल भर पहले बातचीत के दौरान मैंने उनसे कहा था कि उम्र का खयाल करते हुए उन्हें आराम करना चाहिए। उन्होंने जवाब दिया—बेकार बैठे-बैठे मरने से बेहतर है कार्य करते हुए मरना।''

जो भी व्यक्ति उन्हें निजी तौर पर जानते थे, सभी उनकी समय की पाबंदी से प्रभावित थे। समय की पाबंदी को लेकर उनके मन में निश्चित विचार थे। वे किसी आगंतुक से मिलने के लिए सही समय पर पहुँच जाते थे और इंतजार करते थे। इसी तरह बैठक में भी वे सही समय पर पहुँचते थे। वे दूसरों से भी समय की पाबंदी का

ख्याल रखने की अपेक्षा रखते थे। उनके आवास में स्थित निजी कार्यालय में भी मिलनेवालों को निर्धारित समय में अपनी बात पूरी करनी पड़ती थी। ऐसा नहीं होने पर उसे फिर आने के लिए समय दिया जाता था। वे किसी को बेवजह इंतजार करवाना पसंद नहीं करते थे। इस तरह कार्यों में तेजी आती थी और लोग सीधे मुद्दे की बात की करना पसंद करते थे।

वे हमेशा स्वच्छ और सही पोशाक में रहते थे और अपने साथ काम करनेवालों से भी साफ-सफाई के प्रति जागरूक होने की अपेक्षा रखते थे। उनका मानना था कि पोशाक का गहरा प्रभाव कार्यक्षमता पर पड़ता है। जो लोग स्वच्छता पसंद करते हैं, उनके कार्यों में भी स्वच्छता झलकती है। उन्हें पश्चिमी वेशभूषा पसंद थी। जीवन के अंतिम दिनों तक किसी भी अतिथि से मिलते समय वे पूरी तरह सजे-धजे रहते थे, भले ही दिन या रात हो, उन्हें फर्क नहीं पड़ता था।

सी. राजागोपालाचारी ने कहा कि अगर कोई व्यक्ति अपने साथ कैमरामैन को लेकर आधी रात के वक्त भी विश्वेश्वरैया से मिलने चला जाता और उन्हें पूर्व सूचना नहीं देता तो भी वे सजे-धजे ही नजर आ सकते थे और उनकी तसवीर उतारी जा सकती थी।

वे किसी भी कार्य को सर्वश्रेष्ठ तरीके से पूरा करने की कोशिश करते थे। उन्हें किसी व्यक्ति के आचरण या कार्यशैली में ढीलापन बिलकुल पसंद नहीं था। जब एक व्यक्ति को उन्होंने टाई के पीछे बटन लगाए हुए देखा तो उन्होंने उसे टोकते हुए कहा कि यह ठीक तरीका नहीं है और यह भी कहा कि गोखले ने ऐसा करने पर उन्हें भी टोक दिया था। वे अपने सभी अधिकारियों को सही वेशभूषा में देखना चाहते थे। ऐसे अधिकारियों की भी कमी नहीं थी, जो अपनी कमजोरी और अकर्मण्यता छिपाने के लिए महँगी पोशाकें पहनने लगे थे। इस तरह अधिकारियों को अपनी वेशभूषा पर अतिरिक्त राशि खर्च करनी पड़ती थी।

अपने व्यवहार में विश्वेश्वरैया विनम्र और शालीन बने रहते थे और अतिथियों का विशेष रूप से ध्यान रखते थे। सिर्फ एक ही उदाहरण है जिसे अपवाद कहा जा सकता है—जब विनोबा भावे उनसे मिलने उनके घर गए तो वे मिल नहीं पाए। विश्वेश्वरैया बीमार थे। विनोबा के किसी शिष्य ने उनसे कहा कि सवेरे-सवेरे ही विश्वेश्वरैया उनसे मिलकर प्रसन्न हो जाएँगे। अगले दिए सुबह 5.30 बजे ही विनोबा भावे विश्वेश्वरैया के घर गए। वहाँ उन्होंने देखा कि कोई जाग नहीं रहा था, चूँकि किसी को पता नहीं था कि कोई आगंतुक उस समय आनेवाला था। थोड़ी देर इंतजार करने के बाद विनोबाजी ने एक पत्र लिखा कि बुलाने के लिए

धन्यवाद! और पत्र छोड़कर वापस लौट गए। जब विश्वेश्वरैया को पत्र मिला तो उन्हें बहुत पछतावा हुआ। उन्होंने भतीजा और भतीजी के हाथों विनोबाजी को पत्र भेजा और जो कुछ हुआ था, उसके लिए माफी माँगी।

विश्वेश्वरैया दूसरों का बहुत खयाल रखते थे। उनकी एक पुरानी मित्र प्रेमलीला ठाकरसे ने उनसे शिकायत की कि उनके पति के देहांत की खबर पाकर वे मिलने के लिए नहीं आए, जबकि पहले वे अकसर उनके घर आते थे। विश्वेश्वरैया पूना में उस महिला से मिले थे और शोक व्यक्त किया था। उस मुलाकात का वर्णन करते हुए प्रेमलीला ठाकरसे ने कहा—

> ''वे मेरे पास नहीं ठहरे। मुझे तसल्ली देते समय उनकी आँखों से आँसू बहने लगे। थोड़ी देर बाद मैंने उसे पूछा कि वे पर्णकुटी (ठाकरसे का आवास) में क्यों नहीं ठहरते। उन्होंने हिचकिचाते हुए जवाब दिया, 'अब आप अकेली हैं। मैं नहीं जानता कि आप मेरा वहाँ ठहरना पसंद करेंगी या नहीं।' मैंने उन्हें कहा कि हमारे घर में हमेशा उनका स्वागत होता रहा है। इसके बाद वे जब भी पूना आए, हमारे घर में ही ठहरे।''

प्रेमलीला ने बताया कि अपनी सेवा करनेवाले व्यक्तियों से विश्वेश्वरैया काफी स्नेह रखते थे और ऐसे व्यक्तियों से जीवन भर उनका नाता बना रहा था। जो लोग उनकी सेवा करते थे, उनके प्रति उनके मन में कृतज्ञता का भाव रहता था। जब उनके निजी सहायक तात्या और कृष्णराव का देहांत हो गया तो विश्वेश्वरैया काफी मर्माहत हुए और इस बात का उनकी सेहत पर भी गहरा प्रभाव पड़ा।

विश्वेश्वरैया किसी भी गलती को तुरंत सुधारने में विश्वास रखते थे और प्रत्येक कार्य में तीव्रता का ध्यान रखने पर जोर देते थे। अगर किसी पत्र का तुरंत जवाब देना संभव नहीं होता था तो पत्र-लेखक को तुरंत पत्र मिलने की सूचना जरूर भेज दी जाती थी और तेजी से मामले पर ध्यान दिया जाता था। मामलों और फाइलों के निष्पादन के लिए वे सख्त हिदायतें देते थे। कार्य निष्पादन के संबंध में उन्होंने निश्चित नियम बना रखे थे। वे गलती को तुरंत पकड़ सकते थे। जब एक बार उनसे कहा गया कि भद्रावती में कुछ जल गया था तो पहला सवाल उन्होंने पूछा—चौकीदार और वार्डन क्या कर रहे थे? क्या उनमें से वहाँ कोई मौजूद नहीं था?

जब भी वे जिलों के दौरे पर जाते थे, उनके सवालों का सामना करने के लिए अधिकारियों को काफी तैयारी करनी पड़ती थी। मैसूर में बाद में दीवान बनने वाले एन. माधवराव ने विश्वेश्वरैया के ऐसे दौरों का वर्णन करते हुए बताया—

"यह मुझे सुनियोजित दौरे और हालात का जायजा लेने का अनूठा उदाहरण लगाता है। किसी भी जिले के दौरे से कुछ सप्ताह पहले ही जिले में सरकारी कार्यों से संबंधित तथ्यों और आँकड़ों का संग्रह करने में कुछ अधिकारी जुट जाते थे। खेती से जुड़े तथ्य, सिंचाई की व्यवस्था, औद्योगिक गतिविधियाँ, शैक्षणिक प्रगति और जनता की आर्थिक स्थिति से संबंधित आँकड़े जुटाए जाते थे। प्रत्येक तालुक में रिप्रेजेंटेटिव असेंबली और इकोनोमिक कॉन्फ्रेंस की कार्यवाही की प्रतियाँ रखी जाती थीं। इस तरह पूरे जिले का सटीक विवरण तैयार हो जाता था और ऐसे मुद्दे भी रेखांकित हो जाते थे, जिनकी तरफ सरकार को ध्यान देने की जरूरत होती थी। ऐसी तैयारी की वजह से समय का सदुपयोग करते हुए दीवान कम समय में ही जिले के हालात का जायजा लेकर सटीक निर्णय ले पाते थे। निजी दौरे और स्थानीय अधिकारियों के साथ बैठक में लिए गए निर्णय को जोड़कर दौरे का रिकॉर्ड तैयार किया जाता था। दौरे के दौरान वे अधिकारियों के बीच दायित्वों का बंटवारा नहीं भूलते थे।"

विश्वेश्वरैया हमेशा तथ्यों और आँकड़ों पर जोर देते थे, विस्तृत तैयारी और अनुसंधान पर जोर देते थे। वे किसी भी क्षेत्र के प्रमुख व्यक्तियों को प्रशासन की गतिविधियों के साथ जोड़ने में विश्वास रखते थे। इससे अंदाजा लगाया जा सकता है कि अपने दायित्व का पालन करते हुए वे किस कदर निष्ठा और समर्पण भाव से कार्य करते थे। वे अपने कार्यालय पर भी नजर रखते थे, क्योंकि वे अच्छी तरह जानते थे कि दीए तले ही अंधेरा भी फैलता है।

विश्वेश्वरैया के समकालीन व्यक्तियों ने उनके बारे में अपनी-अपनी राय जाहिर की है। सी. राजागोपालाचारी का कहना है, "विश्वेश्वरैया जिन सरल बातों से प्रसन्न रहते थे, उसे देखकर सुखद आश्चर्य होता था। वे अपने वचन के पक्के इंसान थे और उनका चरित्र शुद्धता का अनूठा उदाहरण था। उन्हें एक ऐसा राष्ट्रनिर्माता कहा जा सकता है जिनके पास अपनी अलग दृष्टि थी, अलग प्रणाली थी और कार्य करने का अनोखा अंदाज था। उन्हें शिक्षा विशेषज्ञ भी कहा जा सकता है, हालाँकि उनके इस पक्ष को अधिक रेखांकित नहीं किया गया है। किसी भी योजना को स्वीकार योग्य बनाने के लिए और सफलतापूर्वक लागू करने के लिए जनता के बीच जागरूकता पैदा करना जरूरी होता है। विश्वेश्वरैया ने जनता को जाग्रत करने में अहम भूमिका निभाई थी, इसीलिए उन्हें एक महान् शिक्षा विशेषज्ञ कहना कोई

अतिशयोक्ति नहीं होगी।" इस संबंध में सर सी.पी. रामासामी अय्यर ने भी विश्वेश्वरैया की सराहना की है। जिन्होंने मद्रास सरकार और भारत सरकार के साथ वार्त्ता के दौरान विश्वेश्वरैया की दक्षता का भी विशेष रूप से उल्लेख किया है। उन्होंने बताया है कि कृष्णराज सागर परियोजना के पक्ष में विश्वेश्वरैया ने जिस दृढ़ता के साथ संघर्ष किया, उससे उनके व्यक्तित्व की मजबूती का परिचय मिलता है। मद्रास सरकार अपनी कावेरी-मेत्तूर परियोजना के पक्ष में मैसूर सरकार की कृष्णराज सागर परियोजना का विरोध कर रही थी। उस विरोध से उबरने के लिए विश्वेश्वरैया ने विलक्षण दक्षता और साहस का परिचय दिया था।

विश्वेश्वरैया भारतीय विज्ञान कांग्रेस, इंडियन इकोनोमी इनक्वायरी कमेटी, न्यू कैपिटल इनक्वायरी कमेटी और सिंचाई अनुसंधान समिति के अध्यक्ष बनाए गए थे। इन कमेटियों की तरफ से तैयार की गई रिपोर्टों ने बाद में भारत की अर्थव्यवस्था के लिए बुनियादी सूत्रों के रूप में योगदान किया। वे देश के पहले व्यक्ति थे जिन्होंने शहरी इलाकों में झोंपड़पट्टियाँ बनाने के खिलाफ सतर्क किया था। उन्होंने जनता के मनोरंजन और बौद्धिक विकास के लिए पार्क, मैदान, थिएटर, अजायबघर, कलादीर्घा और अन्य स्थलों के निर्माण का सुझाव दिया था। उनका मानना था कि बिना सोचे-समझे औद्योगीकरण करने से अराजकता और हिंसा पैदा होगी। लोगों की समस्याओं को शांतिपूर्ण बातचीत के जरिए हल करना जरूरी होगा।

ए. रामासामी मुदलियर का कहना है, "विश्वेश्वरैया भारत के महान् देशभक्त व्यक्ति थे, जो किसी दल से या किसी नारे या समुदाय विशेष से जुड़े हुए नहीं थे। वे देशवासियों को खुशहाल बनाने के लिए आजीवन कार्य करते रहे।"

डॉ. सी.डी. देशमुख ने लिखा, "परियोजना के लिए वित्त और संसाधन जुटाने के उपायों को देखते हुए जब मैं विश्वेश्वरैया के व्यक्तित्व पर नजर डालता हूँ तो देश की प्रगति के प्रति उनके विश्वास और आस्था को देखकर दंग रह जाता हूँ। विपरीत परिस्थितियों में भी उनका आत्मविश्वास डगमगा नहीं पाया था।"

मैसूर में दीवान सहित अलग-अलग पदों पर कार्य कर चुके एन. माधव राव ने कमेटियों के जरिए कार्य करने के विश्वेश्वरैया के तरीके पर रोशनी डालते हुए कहा—

> "हमारे अधिकारियों के लिए कमेटियों के सुझाव पर दायित्व का पालन करना नया अनुभव था, मगर वे इस पद्धति के अभ्यस्त होने लगे थे। इससे पहले ज्यादातर सदस्य महज आलोचना करने के लिए ही एकत्र

होते थे। न तो कोई पूर्व तैयारी होती थी, न अध्ययन होता था। अध्यक्ष या सचिव ही ज्यादा कार्य निबटा देते थे। सदस्य केवल निर्णय को स्वीकार करने के लिए एकत्र होते थे और किसी भी नए विचार को सुनने के लिए वे तत्पर नहीं होते थे। ऐसा रवैया अपनाने से नतीजे भी संतोषजनक नहीं निकलते थे।''

अकसर विभाग प्रमुखों और वरिष्ठ अधिकारियों से मुलाकात के दौरान विश्वेश्वरैया औपचारिक या अनौपचारिक चर्चा करते थे और चर्चा के आधार पर ही अपना निर्णय लेते थे।

भद्रावती में आयरन एंड स्टील वर्क्स में प्राण का संचार करने की विश्वेश्वरैया की भूमिका पर एन. माधवराव ने रोशनी डाली है, जो वर्क्स के अस्थायी महाप्रबंधक और सरकारी निदेशक थे। उन्होंने लिखा है—

''जिस रफ्तार से कार्य शुरू किया गया और निर्धारित समय में पूरा कर लिया गया, उससे विश्वेश्वरैया की प्रेरक शक्ति, दृढ़ इच्छाशक्ति और कर्मचारियों में ऊर्जा का संचार करने की खूबी उजागर हो रही थी। वे निजी उद्योगों की स्थापना सरकारी मदद से करने में विश्वास रखते थे। सहयोग की उनकी धारणा थी कि स्वतंत्र और बुद्धिमान नागरिक सारे भेदभाव भूलकर एकजुट होकर काम करें।''

अर्थव्यवस्था के सभी पहलुओं पर विश्वेश्वरैया की गहरी पकड़ की चर्चा करते हुए एच.वी.आर. अयंगर ने कहा है कि भारत में निजी उद्योगों के वजूद में आने से पहले जो मैनेजिंग एजेंसी प्रणाली प्रचलित थी, विश्वेश्वरैया उसकी ताकत के साथ-साथ उसकी कमजोरियों को भी भली-भाँति समझते थे।

विश्वेश्वरैया की व्यापक दृष्टि की चर्चा करते हुए प्रो. एम.एस. हाकर ने लिखा है—

''उनके लिए शोध करना उत्पादन से जुड़ा कार्य है। इसके जरिए विज्ञानसम्मत आँकड़े, तथ्य, नए उत्पाद, उत्पादन प्रक्रिया का समाधान और अन्य ऐसे मसलों का हल ढूँढ़ा जा सकता है, जो औद्योगिक प्रक्रिया से जुड़े हुए हैं। वे एक इंजीनियर, अर्थशास्त्री, लेखक और मानवतावादी हैं—वे बहुआयामी व्यक्तित्व के धनी हैं। उन्हें सादा जीवन उच्च विचार का जीता-जागता उदाहरण कहा जा सकता है।''

ऑल इंडिया मैन्यूफैक्चरर्स ऑर्गेनाइजेशन से विश्वेश्वरैया के जुड़ने के प्रसंग को मोरारजी जे. वैद्य ने याद करते हुए बताया है—

> "उन्होंने संगठन से जुड़ने के लिए दो शर्तें रखीं—(1) हममें से कम-से-कम एक दर्जन व्यक्तियों को प्रति सप्ताह कम-से-कम चार घंटे संगठन के लिए कार्य करने का लिखित आश्वासन देना होगा, (2) अखिल भारतीय स्तर पर एक स्थायी संगठन की स्थापना की जाएगी।"

विश्वेश्वरैया जिंदादिल इंसान थे। बीच-बीच में वे हास्य-विनोद का भी सहारा लेते थे। एक बार जब वे अलवाये गए तो उन्हें बताया गया कि शंकराचार्य का जन्म स्थान कलाडी पास ही था। कार्यक्रम संपन्न होने के बाद एक बुजुर्ग व्यक्ति उनके पास आया और कहने लगा, "महोदय, जब आप मैसूर के दीवान थे, तब मेरे दादाजी आपके अधीन कार्य करते थे। अभी मैं यहाँ पुजारी का कार्य कर रहा हूँ और इस स्थान का प्रभावी हूँ।"

विश्वेश्वरैया ने वहाँ मौजूद लोगों की तरफ मुड़कर कहा, "क्या आप लोगों को लगता नहीं कि मैं इस ग्रह पर जरूरत से ज्यादा समय तक जी रहा हूँ? मृत्यु मुझे लेने के लिए बहुत पहले आई थी, मगर घर में मुझे न पाकर लौट गई।"

एक बार उनसे पूछा गया कि क्या वे पुनर्जन्म लेना पसंद करेंगे तो उन्होंने कहा, "मैंने जीवन के हरेक पल का लुत्फ उठाया है। अगर मुझे पुनर्जन्म लेने का मौका मिलता है तो मैं फिर हरेक पल का लुत्फ उठाना पसंद करूँगा।"

विश्वेश्वरैया निचले पदों पर कार्य करनेवाले प्रतिभाशाली व्यक्तियों को चुनकर उन्हें प्रशिक्षण का अवसर प्रदान करने में विश्वास रखते थे, ताकि वे अधिक महत्त्वपूर्ण जिम्मेदारियों को सँभाल सकें। वे चाहते थे कि किसी भी विभाग के प्रमुख का पद सँभालने के लिए दो-तीन योग्य व्यक्तियों को मौजूद रहना चाहिए। वे सभी कर्मचारियों के भीतर दक्षता के गुण का विकास होते हुए देखना चाहते थे।

उन्होंने कार्य करने जैसा वातावरण तैयार किया, जो दिशा-निर्देश जारी किए, संगठन के लिए जिन सिद्धांतों पर बल दिया और जिस तरह के नवीन विचार प्रस्तुत किए, उन सबको देखते हुए अनेक विद्वानों ने उनकी सराहना की है। उनके साथ काम करने वाले इंजीनियर एम.जी. रंगैया ने कहा—

> "विश्वेश्वरैया की तमाम खूबियों का वर्णन मानवीय इंजीनियरिंग के रूप में किया जा सकता है। वे कोई नया विचार प्रस्तुत करने, प्रेरित

करने, श्रेष्ठ सहयोगियों को चुनने और कठिन समय में तुरंत निर्णय लेने में दक्ष थे। वे दर्जनों व्यक्तियों के बीच कार्य का बँटवारा कर देते थे और सुनिश्चित करते थे कि कम-से-कम समय में प्रत्येक व्यक्ति अपने कार्य को पूरा कर ले। वे निश्चित अवधि के लिए लक्ष्य निर्धारित करते थे और प्रत्येक अधिकारी के दायित्व को भी निश्चित करते थे। वे जहाँ दूसरों से कठोर मेहनत करवाते थे, वहीं उदारता से पारिश्रमिक भी देते थे।''

विश्वेश्वरैया सरकारी कर्मचारियों को संतोषजनक तनख्वाह देने में विश्वास रखते थे और उनके लिए आकर्षक भत्ता आदि सुविधाओं की व्यवस्था करते थे। अमेरिका में फोर्ड जैसी कंपनियाँ दक्षता के आधार पर ऊँची तनख्वाह देती थीं और विश्वेश्वरैया भी मानते थे कि अच्छी तनख्वाह मिलने पर कर्मचारी प्रलोभन में नहीं फँसेंगे और अपने कार्य की तरफ पूरा ध्यान दे पाएँगे। उनका मानना था कि सरकारी मशीनरी में शामिल लोगों की निजी जरूरतों का ख्याल रखा जाना चाहिए। इस तरह उनकी कार्यक्षमता में वृद्धि की जा सकती है।

जब भी विश्वेश्वरैया किसी व्यक्ति को कोई अतिरिक्त कार्य सौंपते थे तो इसके लिए अलग से पारिश्रमिक देना नहीं भूलते थे। उनके समकालीन पी. कोदंडा राव ने बाद में बताया था कि विश्वेश्वरैया ने अपनी एक पुस्तिका का प्रूफ पढ़ने का कार्य करवाने के बदले उन्हें आग्रहपूर्वक पारिश्रमिक प्रदान किया था। विश्वेश्वरैया राव के पास प्रूफ लेने गए तो उन्हें पता चला कि राव के साथ एन. माधवराव कमरे में बैठे थे। यह जानकर वे भीतर नहीं गए, क्योंकि वे बातचीत में बाधा नहीं डालना चाहते थे। एक बार प्रावधान से बाहर उन्होंने अपने कार्यालय के लिए दो-तीन कर्मचारियों की सेवा ली तो उन्होंने महाराजा से अनुरोध किया कि उन कर्मचारियों का वेतन उनके वेतन से काटकर दिया जाए।

एक इलेक्ट्रिकल इंजीनियर एन.एन. अयंगर राज्य के शोध छात्र के रूप में प्रशिक्षण लेने के लिए ब्रिटेन गए थे, तब युद्ध चल रहा था और उन्होंने वहाँ एक नौकरी कर ली थी, जिससे उन्हें बहुमूल्य व्यावहारिक ज्ञान प्राप्त हुआ था। बिजली की बढ़ती माँग को देखते हुए मैसूर की कावेरी बिजली परियोजना के विस्तार पर विचार किया गया और इस कार्य से जुड़ने के लिए अयंगर से स्वदेश लौटने के लिए कहा गया, तब अयंगर ने तर्क दिया कि वे अपने आपको और दक्ष बनाना चाहते हैं, इसीलिए अधिक दिनों तक ब्रिटेन में रुकना चाहते हैं। विश्वेश्वरैया उनके जवाब से नाखुश हुए और उन्होंने संदेश भेजा कि अयंगर को विदेश की

नौकरी की तुलना में स्वदेश के दायित्व को अहमियत देनी चाहिए।

जी.आई.पी. रेलवे की तरफ से खंगला में सुरंग बनाने का काम चल रहा था, जिसके साथ विश्वेश्वरैया जुड़े हुए थे। सुरंग बनने के बाद रेलगाड़ियों को भोरघाट स्टेशन तक ले जाने की जरूरत खत्म हो सकती थी और बंबई-पूना की यात्रा कम समय में पूरी की जा सकती थी। टाटा पॉवर कंपनी के बनाए गए एक बाँध के टूट जाने की चर्चा करते हुए विश्वेश्वरैया ने सहयोगी इंजीनियर वरदराजन से कहा, ''प्रकृति कभी गलती को माफ नहीं करती।'' वे स्वयं सब कुछ अपनी आँखों से देखना पसंद करते थे और अधिक उम्र होने के बावजूद उन्हें ऊँचाई पर चढ़ते हुए कोई हिचकिचाहट महसूस नहीं होती थी, जो उनकी उम्र के किसी भी व्यक्ति के लिए जानलेवा हो सकता था। वरदराजन ने बताया कि 75 साल की उम्र में भी विश्वेश्वरैया ऊँचाई पर चढ़कर सुरंग निर्माण कार्य की प्रगति का जायज़ा लेते थे।

स्वतंत्रता के पश्चात् विश्वेश्वरैया केंद्र सरकार की उस नीति से सहमत नहीं थे, जिसके जरिए सरकार उद्योगों को स्थापित करने और संचालित करने का सारा दायित्व अपने ऊपर लेना चाहती थी। इस बारे में पत्रकार आर.पी. मूर्ति ने कहा था—

> ''विश्वेश्वरैया मानते थे कि केंद्र सरकार उद्योगों और कड़ी परियोजनाओं को सीधे तौर पर नियंत्रित करने की कोशिश कर रही थी। शायद ऐसा करते हुए वह राजनीतिक फायदा उठाना चाहती थी। उनका मानना था कि वर्तमान स्थिति में ऐसा करने से देश का भला नहीं हो सकता था। उनका विचार था कि शेयर पूँजी और प्रबंधन की लागत का दायित्व आंशिक रूप से प्रांतीय सरकारों को देना चाहिए था। स्थानीय सरकारों के पास उद्योगों को बढ़ावा देने और संचालित करने का अधिकार होना चाहिए था। इस तरह कार्यों और जिम्मेदारियों का बुद्धिमत्तापूर्ण बंटवारा संभव हो सकता था।''

वे हमेशा चाहते थे कि सार्वजनिक क्षेत्र के महत्त्वपूर्ण व्यक्तियों से परामर्श और मार्गदर्शन लेकर प्रशासन का संचालन किया जाए। दीवान पद पर रहते हुए उन्होंने ऐसे व्यक्तियों को जन प्रतिनिधि बनाने पर विशेष जोर दिया था। महाराजा उनकी सलाह पर सुधारों को लागू करने के लिए तैयार थे, मगर अंग्रेज सरकार ने राह में रोड़े अटकाने का काम किया था। इसके बावजूद वे महत्त्वपूर्ण मसलों पर

सभाएँ आयोजित कर परामर्श लेना पसंद करते थे। इस तरह आम लोगों को लगता था कि राज्य के अहम मसलों को लेकर उनके सुझावों पर भी ध्यान दिया जा रहा था। विश्वेश्वरैया मानते थे कि राजनीति और नागरिक एक-दूसरे के पूरक होते हैं। इनमें से किसी का भी काम दूसरे के सहयोग के बिना नहीं चल सकता। प्रत्येक नागरिक को अपने अधिकारों और दायित्वों का बोध होना चाहिए। जब तक नागरिक किसी परियोजना की अहमियत को समझते हुए उसे सफल बनाने के लिए प्रयास नहीं करेंगे, तब तक वैसी परियोजना का लाभ आम जनता को नहीं मिल पाएगा।

दीवान के पद पर रहते हुए विश्वेश्वरैया मैसूर राज्य के भीतर जाग्रत् नागरिकों की जमात तैयार करना चाहते थे, उनकी मंशा का उस समय गलत अर्थ लगाया जा रहा था और उन्हें आलोचना का भी सामना करना पड़ा था। वे मानते थे कि नागरिकों को उनके अधिकारों और कर्तव्यों के प्रति पूरी तरह जागरूक बनाने से ही राज्य को खुशहाली के मार्ग पर बढ़ाया जा सकता है। वे मैसूर और भारत में नागरिकता संबंधी प्रशिक्षण को जरूरी समझते थे। उनका मानना था कि जागरूक नागरिकों के जरिए ही एक मुक्त समाज का निर्माण संभव हो सकता था और वैसी स्थिति में लोग निजी रूप से या सामूहिक रूप से लोककल्याण के कार्यों में असरदार ढंग से भागीदारी कर सकते थे।

वे चाहते थे कि देश में स्थानीय स्तर पर स्वशासन प्रणाली को बढ़ावा दिया जाए और गणमान्य व्यक्तियों को स्थानीय निकायों के संचालन का दायित्व सौंपा जाए। उनके कार्यकाल में बंगलौर और मैसूर की नगरपालिकाओं में चुने गए और मनोनीत पार्षद होते थे। बंगलौर नगरपालिका राज्य की सबसे बड़ी नगरपालिका थी और स्थानीय निकाय की आजादी में बढ़ोतरी करने की माँग पर विचार होने लगा था। सरकारी प्रतिनिधियों के अधीन होने के चलते नगरपालिका शहर के विकास के लिए अपनी मर्जी से कोई योजना नहीं बना सकती थी, न ही वैसी योजना को लागू कर सकती थी। बंगलौर और मैसूर के डिप्टी कमिश्नर दोनों शहरों की नगरपालिका के अध्यक्ष थे। प्रशासन से जुड़े ये अधिकारी नगरपालिका के दायित्वों की तरफ पर्याप्त ध्यान नहीं दे पाते थे।

विश्वेश्वरैया चाहते थे कि कम-से-कम बंगलौर नगरपालिका का अध्यक्ष कोई गैर-सरकारी व्यक्ति हो, जिसके पास शहर की प्रगति के लिए योजनाएँ बनाने और उन पर अमल करने का अधिकार हो। उन्होंने एक सेवानिवृत्त गणमान्य व्यक्ति सर के.पी. पुतन्ना चेट्टी से नगरपालिका का अध्यक्ष पद संभालने का

अनुरोध किया। चेट्टी जनसेवा और स्वतंत्र विचारों के लिए मशहूर थे। चेट्टी ने विश्वेश्वरैया के अनुरोध को स्वीकार कर लिया। 1 फरवरी, 1913 को उन्हें बंगलौर नगरपालिका का अध्यक्ष नियुक्त किया गया। अभी भी लोकतांत्रिक प्रणाली के तहत कार्यों का निष्पादन कर पाना संभव नहीं हुआ था, मगर स्थानीय गणमान्य व्यक्तियों को सार्वजनिक पद सौंपकर और जिम्मेदारियाँ बाँटकर जनता की भागीदारी पर बल दिया गया था। स्थानीय स्तर पर स्वप्रशासन के इतिहास में यह एक उल्लेखनीय कदम था।

लोकतांत्रिक मूल्यों के प्रति सम्मान का भाव रखने वाले विश्वेश्वरैया प्रेस को एक अत्यंत महत्त्वपूर्ण लोकतांत्रिक स्तंभ मानते थे। उनकी नीतियों के बारे में प्रेस की तरफ से आलोचनाएँ होती रहती थीं और कई बार प्रेस की तरफ से आक्रामक रुख अपनाया जाता था। एक प्रेस कानून प्रचलित था जिसका इस्तेमाल ब्रिटिश भारत की तरह किसी भी समाचार पत्र की अभिव्यक्ति की स्वतंत्रता का गला घोंटने के लिए किया जा सकता था। डी.वी. गुंडप्पा एक अंग्रेजी साप्ताहिक पत्र 'द कर्नाटक' का संपादन करते थे। इस पत्र में सरकारी नीतियों और कार्यों की खुलकर आलोचना प्रकाशित की जाती थी। नागरिक एवं सामाजिक सम्मेलनों के नाम पर खर्च किए जा रहे सरकारी धन को मुद्दा बनाकर इस पत्र ने एक बार आलोचना प्रकाशित की थी। संपादक ने अपने आपको आलोचक बताया था और किसी तरह की दुर्भावना रखने से इनकार किया था। संपादक ने लिखा था कि सम्मेलनों में योजना बनाने के नाम पर बुद्धि विलास का खेल खेला जाता था और खीरे के भीतर से चाँदनी बाहर निकालने का वादा किया जाता था। यह पत्र यात्रा करनेवाली कमेटियों के गठन का विरोध कर रहा था और मानता था कि विकास की गतिविधियों को संचालित करने के बहाने सरकारी कर्मचारी अपने नियमित कार्य को नजरअंदाज कर रहे थे।

डी.वी. गुंडप्पा ने बताया कि जब भी वे कोई तीखी टिप्पणी प्रकाशित करते थे तो विश्वेश्वरैया उन्हें चाय पीने के लिए बुलाते थे और प्रकाशित रिपोर्ट के बारे में विस्तार से चर्चा करते थे। इस बात से स्पष्ट होता है कि विश्वेश्वरैया किस कदर उदार और सहिष्णु स्वभाव के व्यक्ति थे।

एक अवसर पर जब एक गोपनीय सरकारी दस्तावेज को समाचार पत्र में प्रकाशित कर दिया गया तो दीवान को सचमुच झुँझलाहट महसूस हुई। सरकार की तरफ से स्पष्टीकरण जारी किया गया कि यह अनधिकृत प्रकाशन था। संपादक ने कहा कि पत्र को ऐसा करने का पूरा अधिकार था। पत्र ऐसी तमाम सूचनाएँ

प्रकाशित कर सकता है, जिससे जनता का हित प्रभावित होता हो। पत्र जनता के हितों का प्रहरी होता है। सभी लोकतांत्रिक देशों में ऐसा ही होता हे। पत्र का तर्क था कि अधिकृत हो या अनधिकृत, उसे समाचार प्रकाशित करने का पूरा अधिकार था। यह सरकार का दायित्व है कि वह अपने गोपनीय दस्तावेजों की सुरक्षा सुनिश्चित करे। इसके लिए पत्र को दोषी नहीं ठहराया जा सकता। अगर सरकार चाहती तो समाचार पत्र कानून 1908 के तहत संपादक के खिलाफ कार्रवाई कर सकती थी, मगर विश्वेश्वरैया ने ऐसा करना जरूरी नहीं समझा।

विश्वेश्वरैया समाचार पत्रों के समाचार के स्रोत को गोपनीय रखने की परंपरा का आदर करते थे और वे कभी किसी संपादक से समाचार के स्रोत का खुलासा करने के लिए नहीं कहते थे।

एक बार महाराजा कश्मीर की यात्रा पर गए, तब अफवाह फैली कि महाराजा सत्ता अपने भाई को सौंपनेवाले थे। उस समय 'द कर्नाटक' ने टिप्पणी की, 'सत्ता को अपनी मरजी से हस्तांतरित नहीं किया जा सकता।' इस टिप्पणी के चलते संपादक के खिलाफ कानूनी कार्रवाई की माँग होने लगी, मगर विश्वेश्वरैया ने संपादक के खिलाफ कोई कदम नहीं उठाया। इससे पता चलता है कि समाचार पत्रों की अभिव्यक्ति की स्वतंत्रता के प्रति उनके मन में कितना सम्मान था।

□

विश्वेश्वरैया के निजी जीवन की विशेषताएँ

विश्वेश्वरैया के जीने के अंदाज ने उन तमाम लोगों को प्रभावित किया था, जो उनके संपर्क में आए थे। वे समय के पाबंद, अनुशासित और स्पष्टवादी थे। उन्हें स्वच्छता पसंद थी और सादगीपूर्ण जीवनशैली का वे पालन करते थे। सभी मिलने-जुलनेवालों के प्रति वे शालीन बरताव करते थे। अपने लंबे जीवन और अच्छी सेहत के रहस्य के बारे में वे बताते थे, ''कठोर मेहनत, अनुशासित जीवन, समृद्धि के बीच भी सादगी, संतुष्टि और प्रसन्नता।''

वे प्रत्येक पत्र का जवाब लिखते थे और कभी किसी पत्र का जवाब देना नहीं भूलते थे। वे अत्यंत सजगतापूर्वक पत्र लिखते थे या पत्र का जवाब देते थे। वे बार-बार पत्र को संशोधित करते थे और जब उन्हें तसल्ली हो जाती थी, तब पत्र किसी को प्रेषित किया जाता था। वे स्पष्ट और सुंदर लिखावट में पत्र लिखते थे और जो कुछ भी कहना चाहते थे, उसमें किसी तरह की अस्पष्टता नहीं नजर आती थी। उनकी कथनी और करनी में किसी तरह का फर्क नजर नहीं आता था। वे सावधानी के साथ पत्र और भाषण लिखते थे और कई बार लिखे गए भाषण को पूरी तरह याद कर लेते थे। वे अपने भाषण का स्वयं ही पठन करते थे और कभी भी, उम्र अधिक हो जाने पर भी, बैठकर भाषण देने के लिए तैयार नहीं होते थे। बाहरी जगत् और लोगों से मिलते हुए वे पश्चिमी शैली का आचरण करते थे, लेकिन घर के भीतर वे संरक्षणवादी थे। वे जनेऊ और धोती पहनते थे और मैसूर के ब्राह्मण परिवार के व्यक्ति की तरह ही बरताव करते थे।

विश्वेश्वरैया योजनाबद्ध तरीके से काम करना पसंद करते थे। प्रत्येक कार्य

को सही तरीके से निबटाना उन्हें पसंद था। पहले से समय लेकर ही उनसे मिलना पड़ता था। वे किसी भी समय बिना किसी कारण मिलने आनेवालों को पसंद नहीं करते थे। इसे वे वक्त की बरबादी मानते थे, जिसकी अनुमति वे नहीं दे सकते थे।

वे चाहते थे कि प्रत्येक कार्य तेजी से हो। डी.वी. गुंडप्पा ने वर्णन किया है कि कैसे एक बार जब कोई फाइल कुछ हफ्तों तक के लिए अटक गई तो विश्वेश्वरैया नाराज हो गए थे और उन्होंने कहा था, 'लगता है सचिवालय महज नाम का ही रह गया है। यहाँ कोई काम कैसे हो सकता है?'

पहले भी बताया जा चुका है कि किसी को नौकरी देने के लिए वे पूरी तरह प्रतिभा और योग्यता को ही आधार बनाते थे। केवल एक उदाहरण ऐसा मिलता है कि जब वे एक भरोसेमंद तमिल टाइपिस्ट को उनके साथ रखना चाहते थे, जबकि वह व्यक्ति एक ही शर्त पर उनके साथ रहने के लिए तैयार था कि उसे सरकारी नौकरी में रख लिया जाए। इस उदाहरण को छोड़कर विश्वेश्वरैया ने कभी भी सिफारिश के जरिए किसी को नियुक्ति नहीं दी। अगर कोई आदमी उनके पास मदद माँगने के लिए आता तो वे उसे अपनी जेब से पैसे दे देते थे, लेकिन हर कोई जानता था कि सिफारिश के लिए या सरकारी काम करवाने के लिए उनकी मदद नहीं ली जा सकती थी। वे अपने सिद्धांत पर अटल थे और अपने समुदाय के लोगों का काम करवाने के लिए वे अपने सिद्धांत में कोई बदलाव करनेवाले नहीं थे। वे गरीब और जरूरतमंद लोगों की मदद करते थे और अपने जीवन के आरंभिक वर्षों में सहायता करनेवाले व्यक्तियों को नियमित रूप से आर्थिक मदद मुहैया करवाते थे। ऐसा कहा जाता है कि जब भी उनके किसी रिश्तेदार या मित्र के निधन का समाचार उन्हें दिया जाता था, तब वे मृतक के परिजनों की वित्तीय स्थिति का पता लगाते थे और फिर वे उनकी आर्थिक मदद करते थे।

विश्वेश्वरैया अपनी धुन के पक्के थे। जब भी उनके पास किसी अन्याय पूर्ण आचरण की शिकायत लेकर कोई जाता था, वे तेजी से मामले की छानबीन करते थे। दीवान के पद पर कार्य करते हुए उनके शुरुआती दिनों में एक बुजुर्ग पत्रकार ने सरकारी सेवा से जुड़े एक व्यक्ति के गलत कृत्यों के बारे में लगातार लिखा था। विश्वेश्वरैया ने उस पत्रकार को निष्पक्ष जाँच करवाने और दोषी व्यक्ति के खिलाफ कदम उठाने का आश्वासन दिया था। विश्वेश्वरैया ने अपने वादे को निभाया भी था।

आत्मविश्वास और दृढ़ निश्चय के साथ काम करना विश्वेश्वरैया को पसंद था। जब वे बंबई प्रेसीडेंसी में सहायक इंजीनियर के पद पर कार्य कर रहे थे तब

खानदेश के सिंचाई विभाग के एक्जीक्यूटिव इंजीनियर ने उनसे नहर के आरपार एक पाइप प्रणाली तैयार करने के लिए कहा था, ताकि पंजरा नदी का पानी 35 मील दूर दतारी नामक गाँव तक पहुँचाया जा सके। नहर के बीच पंजरा नदी से एक उपधारा आकर मिलती थी, उसी स्थान से होकर पाइप को गुजारना था। इस कार्य को करने के लिए जहाँ धारा के तल से बालू को हटाना था, वहीं पाइप को गुजारने के लिए एक चट्टान को भी काटना था।

विश्वेश्वरैया ने कार्यस्थल का जायजा लिया और 1884 में मानसून के आने से पहले कार्य शुरू कर दिया। जब चट्टान को काटने का काम शुरू किया गया, तब तेज बरसात शुरू हो गई। पानी के बहाव के साथ रेत भी आने लगी और धारा के किनारे रेत इकट्ठी होती गई। प्रत्येक दो-तीन दिन के अंतराल पर चट्टान काटने के कार्य को जारी रखने के लिए रेत की सफाई करना जरूरी था। मैं इस कार्य के लिए नया था और मेरी उम्र उस समय 23 साल थी। मैंने एसडीओ से अपनी परेशानी बताई और इस कठिनाई से उबरने के लिए सलाह माँगी। उन्होंने सलाह दी कि मुझे कार्य रोककर रिपोर्ट देनी चाहिए कि बरसात के मौसम में इस कार्य को जारी रखने से सरकार का खर्च कई गुणा बढ़ सकता है।

उनके अपने शब्दों में यह उनके अनुभव की भूमिका थी। जब एसडीओ की सलाह पर उन्होंने रिपोर्ट तैयार की और एक्जीक्यूटिव इंजीनियर को भेजी तो बदले में उनके पास एक मेमो आया, जिसमें बताया गया था कि कार्य रुकना नहीं चाहिए। मेमो में टिप्पणी की गई थी—ऐसा लगता है कि ऊर्जा और आदेश पालन की दृष्टि से सहायक इंजीनियर अपने कैरियर की गलत शुरुआत कर रहे हैं। विश्वेश्वरैया ने बाद में बताया, यह पढ़कर मैं हताश हुआ। मैंने निश्चय किया कि मुख्यालय लौटने से पहले मैं इस काम को पूरा कर लूँगा। मैंने जवाब लिखा कि मैं कार्य को तब तक जारी रखने का प्रयास करूँगा, जब तक यह निर्धारित बजट के अनुसार महँगा नहीं साबित होगा, मगर मुझे उम्मीद है कि अपरिहार्य परिस्थितियों के लिए निर्धारित बजट से अधिक रकम खर्च करने की मुझे अनुमति दी जाएगी।

जब कार्य संतोषजनक ढंग से पूरा हो गया, रिपोर्ट मिलने के बाद एक्जीक्यूटिव इंजीनियर ने विश्वेश्वरैया के खिलाफ मेमो में लिखी गई टिप्पणी को हटाने की सूचना उन्हें भेजी। इस तरह हमेशा के लिए विश्वेश्वरैया के मन से हीन भावना दूर हो गई। नौकरी शुरू करने के बाद बीस महीने के भीतर उन्हें प्रथम ग्रेड मिल गया और 500 रुपए मासिक वेतन मिलने लगा। जिस एक्जीक्यूटिव इंजीनिर ने मेमो जारी किया था, उसी ने विश्वेश्वरैया को निर्धारित समय से पहले विभागीय परीक्षा

देने के लिए प्रेरित किया और उत्तीर्ण होने में उनकी सहायता की। इस तरह नौकरी में उनकी स्थिति मजबूत हो गई और उनकी पदोन्नति होती रही।

विश्वेश्वरैया ऐसे कार्यों का श्रेय लेने से बचते थे, जो उन्हें अवांछित लगता था और हमेशा खुद को प्रचार से दूर रखते थे। जब वे बंबई सरकार के लिए सेनिटरी इंजीनियर के पद पर कार्य करते थे तो उन्हें कैसर-ए-हिंद रजत पदक देने की सिफारिश की गई थी। उनके कुछ मित्र चाहते थे कि उन्हें रजत पदक के बदले स्वर्ण पदक दिया जाए। पदक के प्रस्ताव से ही हिचकिचाहट महसूस करते हुए विश्वेश्वरैया ने लिखा—'यह सबसे अधिक अच्छी बात होगी कि पदक को रद्द कर दिया जाए।' स्वर्ण पदक के लिए प्रयास करने के सुझाव के बारे में उनका कहना था—'यह उच्च सम्मान को हासिल करने के लिए किया गया गलत प्रयास कहलाएगा।' जब पदक वितरण के लिए समारोह आयोजित होनेवाला था, तब उन्होंने पूना सेंट्रल डिवीजन को पत्र लिखा—'मैं अनुरोध कर चुका हूँ कि अगर उस दिन और किसी पदक का वितरण न करना हो तो समारोह का विचार छोड़ दिया जाना चाहिए।'

विश्वेश्वरैया नारी शिक्षा को विशेष रूप से अहमियत देते थे और महिलाओं की समस्याओं के निदान को लेकर चिंतित रहते थे। शिक्षा शास्त्री और समाज सेविका कमलम्मा दासप्पा बंगलौर के महिला सेवा समाज की प्रभारी थीं। उन्होंने 1916 में अपनी संस्था में विश्वेश्वरैया के दौरे का वर्णन किया है। विश्वेश्वरैया ने 1913 में इस संस्था की स्थापना करने में सहायता की थी, समाज के दौरे पर आने के बाद उन्होंने कहा—'यह किस कदर मूल्यवान संस्था है, जहाँ प्रशिक्षण के जरिए युवतियों को पुरुषों के घरों के लिए सच्ची रोशनी के रूप में तैयार किया जाता है।'

1942 में विश्वेश्वरैया ने फिर महिला सेवा समाज का दौरा किया और अपने खास अंदाज में युवतियों के कर्तव्यों के संबंध में एक सूची तैयार की (जो नीचे दी गई है)। इस सूची में आम जीवन से जुड़ी नसीहतें दी गई हैं, जिनका पालन युवतियों को करना था। उनका मानना था कि लड़कियों को 13 वर्ष की उम्र से मार्गदर्शन देने की शुरुआत करनी चाहिए। जीवन में किन बातों से निर्माण या विध्वंस हो सकता है, इसकी जानकारी से उन्हें वंचित रखना अनुचित होगा।

विश्वेश्वरैया की सूची इस प्रकार थी—

1. अपने कपड़े स्वच्छ रखो और जीवन की सामान्य परिस्थितियों में मुसकराती रहो, प्रसन्न रहो।

2. स्कूल जाओ और 14 वर्ष की आयु तक शिक्षा प्राप्त करो। अगर तुम्हारे पास सुविधा हो तो 18 वर्ष तक या 21 वर्ष तक शिक्षा प्राप्त करो।
3. तुम्हारा कमरा और उसके आसपास का क्षेत्र स्वच्छ होना चाहिए और प्रत्येक वस्तु को तरतीब से रखना चाहिए।
4. जीवन के आचार-व्यवहार और वैवाहिक संबंध के बारे में किसी बुजुर्ग महिला, पिता, माता या शुभचिंतकों की सलाह लो। तुम्हारे विचार स्थिर और दृढ़ होने चाहिए।
5. 16 वर्ष की आयु से पहले विवाह मत करो। अगर संभव हो तो 18 वर्ष या उसके बाद विवाह करो। ऐसा करने पर तुम लंबी आयु प्राप्त कर पाओगी और स्वस्थ रहोगी।
6. पूरे परिवार की देखभाल की जिम्मेदारी अपने ऊपर लेने की कोशिश मत करो। जब तुम्हारा विवाह होगा, तब तुम्हारे पति को तुम्हारी सहानुभूति और सहयोग की आवश्यकता होगी। जब भी तुम्हें महसूस हो कि तुम्हारे पति की आय से गृहस्थी की जरूरतें ठीक से पूरी नहीं हो रही है तो पति की अनुमति लेकर धनोपार्जन का कोई ऐसा तरीका ढूँढ़ो, जिससे परिवार की कठिनाइयों को दूर किया जा सके। शौक के तौर पर घर के भीतर या बाहर किसी कार्य में खुद को व्यस्त रखने की आदत डालो। इस तरह तुम्हारी बुद्धि और योग्यता का सदुपयोग हो पाएगा।
7. अपनी सुरक्षा करना सीखो। अगर किसी तरह का संकट आ जाए तो तुम्हें अपने परिवार की सुरक्षा करने में सक्षम होना पड़ेगा।
8. नियमित रूप से कार्य करने की आदत डालो और अपने सिद्धांतों से कभी समझौता मत करो। 8 घंटे तक कार्य, 8 घंटे की नींद और 8 घंटे तक व्यायाम, मनोरंजन, शरीर की सफाई और अन्य घरेलू, सामाजिक एवं बाहरी कार्य—ऐसी दिनचर्या होनी चाहिए।
9. कोई भी ऐसा कार्य करने के लिए तैयार होने से पहले सुनिश्चित कर लो कि उस कार्य के लिए तुम सक्षम हो या नहीं, लेकिन जब कार्य को तुम स्वीकार कर लो तो उसे सही समय पर पूरा करो। समय की पाबंदी का पूरा ध्यान रखो।
10. बुजुर्गों का सम्मान करो, बच्चों के प्रति स्नेहपूर्ण और सहानुभूतिपूर्ण बर्ताव करो। अपने पड़ोसियों और परिचितों के साथ शालीनता के साथ पेश आओ, अपने देश की सेवा करने के बारे में विचार करो।

11. जरूरत से अधिक शर्म छोड़ दो और स्वयं को कमजोर समझना छोड़ दो। पश्चिम की महिलाएँ और हमारे देश के उच्च वर्ग की महिलाएँ शिक्षित और विकसित हैं, जो साहस और आत्मविश्वास के साथ जीवन गुजारती हैं। तुम्हें भी उनका अनुकरण करना चाहिए।
12. तुम्हारी सफलता और खुशी तुम्हारे ऊपर निर्भर करती है। कोई दूसरा तुम्हारे जीवन की दिशा निर्धारित नहीं कर सकता। बुजुर्गों और अनुभवी व्यक्तियों की सलाह लो। दूसरों की सलाह पर विचार करो, मगर निर्णय स्वयं करो। जीवन में सादगी और आचार संहिता को अपनाने की आवश्यकता होती है। परिस्थितियों के अनुसार अपने सिद्धांतों में संशोधन करो।

यह आश्चर्य की बात थी कि जिस इंसान को अधिक दिनों तक दांपत्य जीवन गुजारने का मौका नहीं मिला था, वह स्त्रियों की बेहतरी के लिए इतनी गहराई के साथ सोच सकता था। विश्वेश्वरैया जानते थे कि मनुष्य को घर और सार्वजनिक जीवन में मिलनेवाली खुशी और संतुष्टि प्रत्यक्ष या अप्रत्यक्ष तौर पर दांपत्य जीवन की खुशहाली पर निर्भर करती है।

विश्वेश्वरैया सादगीपूर्ण भोजन पसंद करते थे। वे ज्यादा नहीं खाते थे और गीता के सूत्र युक्ताहार-विहारस्य पर विश्वास करते थे। उनका अपना खाना भले ही सादगीपूर्ण होता था, मगर वे अपने अतिथियों और कर्मचारियों के लिए बेहतरीन भोजन का प्रबंध करते थे। वे नियमित रूप से अपने निजी कर्मचारियों से पूछते थे कि वे घर जाकर खाना पसंद करेंगे या विश्वेश्वरैया के घर में ही खाएँगे। घर के कार्यों के प्रभारी को पहले से ही सूचित कर दिया जाता था कि कितने लोगों के लिए भोजन तैयार करना है और फिर सही समय पर भोजन परोस दिया जाता था।

उनकी भतीजी ने विश्वेश्वरैया को प्राचीन एवं नवीन का सुखद मिश्रण बताया। उन्होंने कहा—

> "व्यापार और उद्योग जगत् में वे यूरोपीय और अमेरिकी शैली का आचरण करना पसंद करते हैं, मगर अपने घर के मामलों में वे पूरी तरह मैसूर के ब्राह्मण जैसा आचरण करते हैं। वे पूरी तरह शाकाहारी, मितव्ययी हैं और धूम्रपान नहीं करते। वे पुरानी भारतीय संयुक्त परिवार प्रणाली के कट्टर समर्थक हैं और आज भी अपने माता-पिता का वार्षिक श्राद्ध संपन्न करते हैं। उनका सिद्धांत है कि जीवन में कर्तव्यपालन से प्रसन्नता

हासिल करनी चाहिए, केवल प्रसन्नता को ही लक्ष्य नहीं बनाना चाहिए।

उन्हें आराम करना या अकर्मण्य बनकर जीवन गुजारना पसंद नहीं है—उन्हें निरर्थक बातचीत या आरामतलबी बिलकुल पसंद नहीं है। उनका कहना है कि कोई भी व्यक्ति अगर महान् बनता है तो इसके लिए उसे कठोर मेहनत करनी पड़ती है। वे कहते हैं कि भारतीय दर्शन पश्चिम की तुलना में अलग है। यहाँ कर्म करने की बात कही गई है, मगर फल की इच्छा रखने से मना किया गया है।''

विश्वेश्वरैया जानते थे कि लोग भाग्य पर जरूरत से ज्यादा विश्वास करते थे। जिसे भाग्य या नियति कहते हैं, उससे ठगे जाने पर मनुष्य के जीवन की मर्यादाएँ भी नष्ट हो जाती हैं। वे भाग्य भरोसे जीने के बजाय सक्रिय, ऊर्जावान और पुरुषार्थी बनकर जीना पसंद करते थे। वे आत्मविश्वास और साहस के साथ लक्ष्य को हासिल कर लेने तक प्रयत्न करते रहते थे। विश्वेश्वरैया किसी भी कार्य को पूरा करने के लिए जिस तरह प्रयत्न करते थे, उसे देखते हुए उनके नाकाम रहने की संभावना बिलकुल नहीं रह जाती। अपने उद्‌देश्य के लिए वे सभी साधनों और अपनी समस्त ऊर्जा का इस्तेमाल करते थे और प्रत्येक चरण में मामूली लापरवाही करना भी पसंद नहीं करते थे।

उनके मन में मर्यादाबोध हमेशा बना रहता था। मैसूर में 1911 में नौकरी करते समय उन्होंने देखा था कि महानवमी के दिन जब ब्रिटिश रेजीडेंट महाराजा के दरबार में उपस्थित रहता था, तब मामूली अंग्रेजों को भी बैटने के लिए कुरसी दी जाती थी, जबकि भारतीयों को फर्श पर बैठने के लिए मजबूर किया जाता था। विश्वेश्वरैया ने महाराजा के सचिव को पत्र लिखकर बताया था कि वे रामनवमी के दिन दरबार में उपस्थित नहीं हो सकेंगे। जब महाराजा को वजह की जानकारी मिली तो सभी भारतीयों के लिए भी बैठने के लिए कुरसियों का इंतजाम किया गया। विश्वेश्वरैया ने कहा कि उन्हें अच्छा नहीं लगा था, जब उन्हें पता चला था कि अंग्रेजों को बैठने के लिए कुरसी दी जाती थी और दीवान से नोचे के अधिकारियों को फर्श पर बैठने के लिए मजबूर होना पड़ता था। इस तरह के भेदभाव को वे स्वीकार नहीं कर सकते थे।

विश्वेश्वरैया केवल अपनी शर्तों पर काम करते थे, मगर हमेशा इस बात का खयाल रखते थे कि दूसरों की गरिमा को ठेस नहीं पहुँचे। वे मानते थे कि पूरी आजादी दिए बिना किसी भी कार्य को सफलतापूर्वक संपन्न नहीं किया जा सकता

था। वे अपने लिए ऐसी ही आजादी की माँग करते थे और अपने मातहतों को भी इसी किस्म की आजादी प्रदान करते थे। उन्हें कहीं भी कोई प्रतिभाशाली व्यक्ति नजर आता था तो वे उसे प्रोत्साहित करते थे और उसकी प्रतिभा का सदुपयोग करने के लिए हर संभव सहायता करते थे।

अपनी निजी जिंदगी में वे अपने कर्मचारियों को सारी सुविधाएँ मुहैया करवाते थे, मगर फिजूलखर्ची से बचते थे। अपने इस सिद्धांत का पालन वे सार्वजनिक जीवन और सार्वजनिक अर्थव्यवस्था के क्षेत्र में भी करते थे। हालाँकि वे सार्वजनिक वित्त के व्यय एवं विकास धारा के समर्थक थे, मगर मानते थे कि व्यय के मामले में किफायत पर ध्यान देना जरूरी है और धन का सही प्रबंधन जरूरी है, इसीलिए मैसूर के दीवान के पद से हटते हुए वे अपने पीछे बेहतर अर्थव्यवस्था छोड़कर गए थे।

मैसूर में सेवाकाल के अंतिम दो वर्षों में महाराजा की तरफ से उन्हें ऊँची तनख्वाह देने की पेशकश की गई थी। उन्होंने विनम्रतापूर्वक महाराजा को पत्र लिखा था कि उन्हें ऊँची तनख्वाह की पेशकश नहीं स्वीकार करने की इजाजत दी जाए। वे निजी पत्र व्यवहार के लिए निजी स्टेशनरी का इस्तेमाल करते थे। अपने निजी कार्य वे अपने निजी कर्मचारियों के जरिए ही करवाते थे। मोमबत्तियों और आलपीनों को भी निजी और सरकारी श्रेणी में वर्गीकृत कर रखा जाता था। जिस दिन उन्होंने नौकरी छोड़ी, उस दिन वे निजी कार में बैठकर अपने घर लौटे थे। इस तरह के उदाहरणों से स्पष्ट होता है कि निजी जीवन में वे किस तरह सिद्धांतों का पालन करते रहे थे। वे सुनियोजित तरीके से अपनी ऊर्जा का अधिक-से-अधिक इस्तेमाल करते थे और यही कारण है कि विभिन्न क्षेत्रों में उन्होंने अविस्मरणीय योगदान किया। नौकरी से मुक्त होते समय उन्होंने स्पष्ट शब्दों में महाराजा को लिखा था, 'मेरे ऊपर सरकार का कोई कर्ज बकाया नहीं है।' ऐसा अकसर देखने में आता है कि बड़े-से-बड़े व्यक्ति के जीवन में भी कुछ कमजोरियाँ होती हैं, मगर विश्वेश्वरैया ने अनुशासित तरीके से जीवन गुजारते हुए जता दिया था कि कोशिश करने से कमजोरियों से मुक्त होकर अनुशासित जीवन गुजारना संभव हो सकता है।

उनके सेवक उनके प्रति वफादार बने रहते थे और उनकी तरह अनुशासन और दूसरे नियमों को अपने जीवन का हिस्सा बना लेते थे। विश्वेश्वरैया के बनाए नियमों का वे अच्छी तरह पालन करते थे। विश्वेश्वरैया हमेशा जानते थे कि बंगलौर या बंबई के उनके घर में कौन सी चीज कहाँ रखी जानी चाहिए। वे सभी

चीजों की सफाई का जायजा लेते थे और सुनिश्चित करते थे कि हर चीज अपनी निर्धारित जगह पर रखी हुई है या नहीं। एक बार उन्होंने देखा कि कालीन की दशा बिगड़ी हुई थी। उन्होंने सेवकों से तत्काल उसे बदलने के लिए कहा। सेवक उनकी हर बात मानने के लिए तैयार रहते थे, क्योंकि उन्हें अच्छी तनख्वाह मिलती थी, जिससे उनकी तमाम जरूरतें पूरी हो जाती थीं।

विश्वेश्वरैया के सचिव सदगोपालाचार की पत्नी को शिकायत थी कि उसका पति उसे कभी घूमाने के लिए बाहर लेकर नहीं जाता था। न तो उसने शहर घुमाया था और न ही रेलगाड़ी दिखाई थी। वह हमेशा अपने मालिक की सेवा में जुटा रहता था, जिसे वह अपना भगवान् समझता था। विश्वेश्वरैया का व्यक्तित्व ही ऐसा था कि उनके साथ काम करनेवाले व्यक्तियों के मन में वफादारी हो जाती थी।

विश्वेश्वरैया ने 'सेइंग्स—वाइज ऑर विटी' नामक एक पुस्तिका लिखी थी जिसमें 16 अध्याय थे। भारतीय और विदेशी स्रोतों, पुस्तकों, अखबारों और भाषणों के महत्त्वपूर्ण अंशों का उन्होंने रोचक शैली में संकलन किया था। हालाँकि सारे उद्धरण प्रभावशाली नहीं हैं, मगर इनस पुस्तिका के जरिए विश्वेश्वरैया की पसंद का परिचय मिलता है। किसी उद्धरण से मनोरंजन होता है तो कोई उद्धरण सोचने के लिए मजबूर कर देता है। विश्वेश्वरैया का अनुभव संसार समृद्ध था और उन्हें कई विषयों में दिलचस्पी थी। जब भी उन्हें कोई ऐसा विचार नजर आता था, जिससे व्यक्ति का आत्मविकास संभव हो सकता था तो वे उसे लिखकर रख लेते थे।

यहाँ ऐसी संस्कृति प्रचलित रही है जिसमें खूबी और कमजोरी के तत्त्व एक साथ मौजूद रहे हैं। जो खूबियाँ हैं, उन्होंने हमें स्थिरता प्रदान की है। टेनीसन का कथन याद रखना चाहिए कि पुराने नियम बदलते हैं और नए नियम सामने आते हैं। पुरानी परंपराओं के दोषों का निदान करना चाहिए और नए हालात के आधार पर नए आचार-व्यवहार का निर्धारण करना चाहिए। जो लोग दुनिया के विभिन्न देशों की यात्रा करते हैं, वे बदलते हुए समय के मिजाज को समझ सकते हैं। दुनिया भर की यात्रा करते हुए विश्वेश्वरैया इस परिवर्तन को महसूस कर रहे थे।

पुस्तिका की भूमिका में बताया गया है कि इसे पढ़कर प्रत्येक सुसंस्कृत व्यक्ति को आनंद की प्राप्ति होगी। यह भी बताया गया है कि इसमें वर्तमान सदी के विचारकों के विचारों का संकलन किया गया है। वर्तमान पर विशेष रूप से जोर दिया गया है, क्योंकि वर्तमान में हम जी रहे हैं, अतीत हमें इस स्थिति तक लेकर आया है और चुनौतियों से लड़ने की स्थिति में खड़ा कर दिया है।

अपनी आयु के 100 वर्ष पूरे करने के बाद विश्वेश्वरैया का शरीर कमजोर

हो गया था। वृद्धावस्था अपना प्रभाव दिखा रही थी, परंतु दृढ़ संकल्प के धनी विश्वेश्वरैया उसे नजरअंदाज करते हुए सक्रिय जीवन जीने का पूरा प्रयास कर रहे थे। उनकी जन्मशती धूमधाम के साथ मनाई गई थी।

नियति का चक्र अपनी जगह चलता रहता है। बचपन से युवावस्था, युवावस्था से बुढ़ापा और फिर जीवन का अवसान। ऐसा कभी हो नहीं पाता कि कोई व्यक्ति अपना जीवन दोबारा जी सके।

1961 आते-आते उन्होंने बिस्तर पकड़ लिया। वर्ष के मध्य तक आते-आते शरीर जवाब देने लगा और उनके लिए बिस्तर से उठ पाना मुश्किल हो गया। उनकी भतीजी शंकुतला कृष्णमूर्ति तथा भतीजे एम.आर. कृष्णमूर्ति ने उनकी बड़ी सेवा की।

14 अप्रैल, 1962 को सायं सवा छह बजे विश्वेश्वरैया ने अंतिम साँस ली। उनकी इच्छा के अनुसार उनका शव उनके पुश्तैनी गाँव मुद्देनहल्ली ले जाया गया। जहाँ राजकीय सम्मान के साथ उनका अंतिम संस्कार किया गया।

□

मोक्षगुंडम विश्वेश्वरैया के जीवन की महत्त्वपूर्ण तिथियाँ

1861	:	15 सितंबर को मुद्देनहल्ली में जन्म।
1875	:	सेंट्रल कॉलेज में दाखिला।
1880	:	बी.ए. (मद्रास विश्वविद्यालय)
1883	:	एल.सी.ई. (बंबई विश्वविद्यालय, पूना, नवंबर)
1884	:	बंबई पब्लिक वर्क्स डिपार्टमेंट में असिस्टेंट इंजीनियर के पद पर नियुक्ति, मार्च महीने में कार्य आरंभ, नासिक और खानदेश में तैनाती।
1885	:	कार्यकारी इंजीनियर के पद पर, विभागीय परीक्षा उत्तीर्ण की, फर्स्ट ग्रेड एसिस्टेंट इंजीनियर बने (अक्तूबर महीने में)।
1887	:	नवंबर में लंदन के इंस्टीट्यूट ऑफ सिविल इंजीनियर्स के एसोसिएट मेंबर बने।
1891	:	डेक्कन क्लब, पूना की स्थापना।
1894–1895	:	सुक्कुर ड्रेनेज एंड वाटर वर्क्स।
1896	:	सूरत जिले में तैनाती हुई।
1897	:	चीफ इंजीनियर के सहायक पद पर पूना वापसी।
1898	:	जापान की यात्रा।
1899	:	पूना सिंचाई जिल में कार्यकारी इंजीनियर, पूना के लिए वाटर वर्क्स, सिंचाई आयोग के गठन के लिए ज्ञापन। सिंचाई की ब्लॉक प्रणाली।

1901	:	सेनिटरी इंजीनियर के पद पर कार्य, पूना में कचरा निष्पादन के क्षेत्र में कार्य, गोपालकृष्ण गोखले के साथ सहयोग।
1901 से 1903	:	स्वचालित स्लूस गेट का पेटेंट।
1904	:	सिंचाई सम्मेलन में भागीदारी, लॉर्ड किचनर को गेट की उपयोगिता बताई, बंबई विश्वविद्यालय के फेलो मनोनीत हुए, सरकार ने सेनिटरी इंजीनियर के पद पर स्थायी नियुक्ति दी।
1905	:	सामान्य ड्यूटी के साथ-साथ जलापूर्ति विभाग के विशेष अधिकारी का दायित्व भी मिला।
1906	:	एडेन में दूषित जल निष्पादन एवं पेयजल आपूर्ति के लिए कार्य, कोल्हापुर में भी इसी तरह का कदम उठाया।
1907	:	तीन सुपरिंटेंडेंट इंजीनियर डिवीजन का अतिरिक्त दायित्व मिला, धारवाड़ और बीजापुर में पेयजल परियोजना के लिए कार्य, दो राज्यों से चीफ इंजीनियर का पद सँभालने का निमंत्रण, बंबई हेल्थ कमेटी के सदस्य बनाए गए, कॉलेज ऑफ साइंस रिव्यू कमेटी के सदस्य बनाए गए, निर्धारित समय से पहले सेवानिवृत्ति लेने के लिए आवेदन किया।
1908 से 1909	:	इटली, ब्रिटेन, अमेरिका, कनाडा, स्वीडन, रूस आदि देशों का भ्रमण किया। अप्रैल में हैदराबाद के विशेष परामर्शदाता इंजीनियर बने, 15 नवंबर को मैसूर राज्य के चीफ इंजीनियर बने, रेलवे का विस्तार करने का सुझाव दिया, कृष्णराज सागर बाँध की योजना बनाई।
1911	:	जून में आर्थिक सम्मेलन की अध्यक्षता की।
1912	:	12 नवंबर को मैसूर के दीवान बने।
1913	:	अक्टूबर में बैंक ऑफ मैसूर की स्थापना की, लॉर्ड हार्डिंग ने दौरा किया, नई मैसूर संधि, जनप्रतिनिधि एसेंबली में सुधार और परिषद् बनने की उम्मीद पैदा हुई।
1914	:	मलनाद सुधार योजना, प्रथम विश्वयुद्ध उसी दौरान शुरू हुआ, मैकेनिकल इंजीनियरिंग स्कूल की स्थापना की।
1915	:	बंगलौर और मैसूर में सार्वजनिक पुस्तकालयों की स्थापना, कन्नड़ साहित्य परिषद्, बंगलौर की स्थापना।

1916 : इंजीनियरिंग कॉलेज बंगलौर की स्थापना, गैर-ब्राह्मण और पिछड़े वर्ग के विद्यार्थियों के लिए छात्रवृत्ति योजना, मैसूर चेंबर ऑफ कॉमर्स की स्थापना, बंगलौर और मैसूर में आधुनिक होटलों का निर्माण, मैसूर विश्वविद्यालय की स्थापना, मुद्रण यंत्रों का इंतजाम, सिविल एंड सोशल प्रोग्रेस एसोसिएशन की स्थापना, साबुन, चंदन, तेल, धातु, चमड़े आदि से संबंधित उद्योगों की स्थापना।

1917 से 1918 : कमेटी ऑफ इंडियन प्रिंसेज एंड मिनिस्टर्स, बीकानेर के सदस्य बने।

1918 : भद्रावती में आयरन वर्क्स की योजना, भटकल में बंदरगाह विकास की योजना, जोग में पनबिजली उत्पादन की योजना।

1919 : दीवान पद से सेवानिवृत्ति।

1919 से 1920 : विश्व भ्रमण : जापान, कनाडा, अमेरिका गए। काउंसिल ऑफ द सेक्रेटरी ऑफ स्टेट फॉर इंडिया की सदस्यता का आमंत्रण, रिकंशट्रक्शनिंग इंडिया नामक पुस्तक का प्रकाशन।

1921 : डी.एसी. (इंजीनियरिंग), कलकत्ता विश्वविद्यालय, बंबई टेक्नीकल एंड इंडस्ट्रीयल एजुकेशन कमेटी के अध्यक्ष बने।

1922 : बंबई में सर्वदलीय प्रतिनिधियों के राजनीतिक सम्मेलन की अध्यक्षता की। नई दिल्ली में राजधानी निर्माण कमेटी के सदस्य बने, हैदराबाद से फिर आमंत्रण मिला।

1923 : लखनऊ में इंडियन साइंस कांग्रेस की अध्यक्षता, भद्रावती आयरन वर्क्स का अध्यक्ष पद स्वीकार किया (मार्च, 1923 से 29 सितंबर, 1929 तक इस पद पर रहे), बंगलौर में ऑक्यूपेशनल इंस्टीट्यूट खोलने की रूपरेखा बनाई।

1924 : बंबई में भारतीय आर्थिक सम्मेलन की अध्यक्षता की। बंबई और कराची नगरपालिका के लिए सुधार कार्यक्रम।

1925 इंडियन इकोनोमिक इनक्वायरी कमेटी के अध्यक्ष बने, बंगलौर में पेयजल आपूर्ति की नई योजना बनाई।

1926 : बैक वे इनक्वायरी कमेटी, बंबई के सदस्य बने।

1926 से 1927 : यूरोप और अमेरिका का भ्रमण। यात्रा का उद्देश्य लोहा और इस्पात के उत्पादन का जायजा लेना था, टाटा आयरन

		एंड स्टील बोर्ड के अध्यक्ष बने। (इस पद पर 1927 से 1955 तक रहे)।
1929	:	बंगलौर अशांति जाँच समिति के अध्यक्ष बने, त्रिवेंद्रम में दक्षिण भारतीय राज्य जन सम्मेलन की अध्यक्षता की, सुक्कुर बैरेज वर्क्स कमेटी के सदस्य बने।
1930	:	हैदराबाद नगर का विकास किया, बंबई यूनिवर्सिटी कमेटी फॉर प्रमोटिंग केमिकल इंडस्ट्रीज के सदस्य बने।
1931	:	डॉक्टर ऑफ लॉज, बंबई विश्वविद्यालय।
1934	:	प्लान्ड इकोनोमी फॉर इंडिया नामक पुस्तक का प्रकाशन।
1935	:	ऑटोमोबाइल उद्योग से संबंधित जानकारियाँ जुटाने के लिए यूरोप और अमेरिका की यात्रा।
1937	:	डी.लिट., बनारस हिंदू विश्वविद्यालय, बंबई सिंचाई अनुसंधान समिति के अध्यक्ष बने।
1938	:	कोर्ट ऑफ द इंडियन इंस्टीट्यूट ऑफ साइंस, बंगलौर के अध्यक्ष बने और इस पद पर 1947 तक रहे।
1939	:	विमान बनाने के कारखाने की योजना, उड़ीसा बाढ़ राहत रिपोर्ट बनाई, गोवा के लिए जलापूर्ति योजना बनाई।
1941	:	ऑल इंडिया मैन्यूफैक्चरर्स ऑर्गेनाइजेशन के संस्थापक अध्यक्ष बने।
1944	:	डी.एससी., पटना।
1946 से 1947	:	ऑल इंडिया मैन्यूफैक्चरर्स ऑर्गनाइजेशन के प्रतिनिधि दल के नेता के रूप में अमेरिका की यात्रा, तुंगभद्रा वाटर वर्क्स को लेकर मद्रास और हैदराबाद के बीच उत्पन्न विवाद की पड़ताल करने के लिए गठिन कमेटी के अध्यक्ष बने, दिसंबर में इलाहाबाद से डी.एससी.।
1948	:	डाक्टरेट—मैसूर विश्वविद्यालय।
1949	:	ग्रामीण उद्योगों की योजना बनाई, सौराष्ट्र में जलाशय निर्माण क्षेत्रों का चयन किया।
1951	:	'मेमोयर्स ऑफ माई वर्किंग लाइफ' पुस्तक का प्रकाशन।
1952	:	बिहार में गंगा पर रेल पुल निर्माण में भागीदारी।
1953	:	डी.लिट, आंध्र विश्वविद्यालय।

1955	:	दिसंबर में भारत रत्न से विभूषित हुए।
1958	:	डी.एससी., जादवपुर विश्वविद्यालय।
1959	:	रॉयल एशियाटिक सोसायटी काउंसिल ऑफ बंगाल ने दुर्गा प्रसाद खेतान स्मृति स्वर्ण पदक देकर सम्मानित किया।
1960	:	15 सितंबर को जन्मशती समारोह आयोजित किया गया।
1962	:	14 अप्रैल को देहावसान।

□

संदर्भ ग्रंथ

1. स्पीचेज ऑफ श्री एम. विश्वेश्वरैया, वोल्यूम-1, 1917
2. रिकंशट्रक्शनिंग इंडिया, लेखक एम. विश्वेश्वरैया (पीएस किंग एंड संस, लंदन से प्रकाशित), 1920
3. प्लान्ड इकोनोमी फॉर इंडिया, लेखक एम. विश्वेश्वरैया (बंगलौर प्रेस से प्रकाशित), 1934
4. मेमोयर्स ऑफ माई वर्किंग लाइफ, लेखक एम. विश्वेश्वरैया (कैंक्सटन प्रेस, मुंबई से प्रकाशित), 1951
5. भारत रत्न मोक्षगुंडम विश्वेश्वरैया, लेखक टी ताताचार्य शर्मा (लोकशिक्षणा ट्रस्ट, बंगलौर से प्रकाशित), 1960
6. सर विश्वेश्वरैया, लेखक एम. वेंकटेश अय्यर (जीवन कार्यालय, बंगलौर से प्रकाशित), 1960